Von der Vorgeschichte
bis zur Gegenwart

Geschichte-KOMPAKT

STARK

Umschlagbild: Jose Ignacio Soto / adobe stock

www.stark-verlag.de
1. Auflage 2021

Inhalt

Vom Hochmittelalter zur Aufklärung 39

Vom Zeitalter der Revolutionen bis zur Weimarer Republik 77

Autoren: Dr. Fritz Schäffer, Andreas Promberger

Zum Vertiefen der wichtigsten Fachbegriffe umfasst der Band auch die Web-App MindCards. Dabei können wichtige Fachbegriffe in Form von Online-Karteikarten geübt werden.
Zu den MindCards gelangst du unter folgendem Link oder via QR-Code:
https://www.stark-verlag.de/mindcards/geschichte-grundwissen

Vorwort

Liebe Schülerinnen und Schüler,

dieser Band der Reihe „Kompakt-Wissen" bietet alle prüfungsrelevanten Inhalte des Geschichtsunterrichts in der Unter- und Mittelstufe auf einen Blick. Alle wichtigen Ereignisse und Entwicklungen von der Steinzeit bis heute sind knapp und präzise dargestellt.

Damit ihr euch effektiv und schnell auf den Unterricht und Prüfungen vorbereiten könnt,

- wird der **prüfungsrelevante Unterrichtsstoff** verständlich erklärt,
- sind alle Kapitel so gegliedert, dass der Stoff in sinnvollen und überschaubaren Einheiten erlernt werden kann,
- sind die Kapitel immer auf zwei oder drei Seiten dargestellt, sodass ihr euch sehr **schnell orientieren** könnt und übersichtlich alles Wichtige zu einem Aspekt präsent habt,
- veranschaulichen viele **Schaubilder und Grafiken** den Stoff,
- verdeutlichen **Querverweise** zwischen den Kapiteln die Zusammenhänge und ermöglichen ein tieferes Eintauchen in ein Thema,
- sind **wichtige Begriffe oder Definitionen** farblich hervorgehoben, damit das Allerwichtigste schnell und auf einen Blick wiederholt werden kann.

Somit ist dieses Buch vor allem wegen seiner Übersichtlichkeit und klaren Gliederung eine ideale Hilfe beim schnellen Nachschlagen von Begriffen, zur zeitsparenden, effektiven Wiederholung von Unterrichtsstoff und zur intensiven Vorbereitung auf Unterricht und Prüfungen.

Wir wünschen euch viel Spaß bei der Lektüre und vor allem großen Erfolg bei der Anwendung des hier erlernten und vertieften Wissens!

Dr. Fritz Schäffer   Andreas Promberger

Von den ersten Menschen bis zum Ende der Karolinger

Für die allergrößte Zeit der menschlichen Geschichte gibt es keine schriftlichen Zeugnisse, sodass man die Lebensbedingungen der Menschen in der **Steinzeit** und die Entwicklungen dieser „vorgeschichtlichen" Zeit nur anhand von Funden rekonstruieren kann.

Erst vor etwa 5 000 Jahren, in den **frühen Hochkulturen** Ägyptens oder Mesopotamiens, wurden die ersten Schriftsysteme entwickelt, die der Nachwelt genauere Einblicke in die Denkweise der Menschen ermöglichen. Hier sind auch erstmals die Bildung von Staaten oder größere kulturelle und wissenschaftliche Fortschritte greifbar.

Einen frühen Höhepunkt der Kultur in unserem Raum stellt die **griechisch-römische Antike** dar. Die Griechen entwickelten Ansichten vom Staat, vom Wesen der Natur und des Menschen, die die Basis unserer modernen Zivilisation bilden. Auch die griechische Kunst und Literatur genießen heute noch höchsten Respekt. Im Großreich Alexanders des Großen erreichte diese Kultur viele andere Völker, und als die Römer den östlichen Mittelmeerraum eroberten, nahmen sie die griechische Kunst und Wissenschaft mit in ihre Kultur auf.

Den **Römern** gelang es nicht nur, ein Reich zu erobern, das den gesamten Mittelmeerraum sowie West- und Teile Zentraleuropas umfasste. Aufgrund ihres hohen organisatorischen und technischen Stands konnten sie auch ihre Herrschaft über mehrere Jahrhunderte aufrechterhalten. In dieser Zeit erfuhren die betroffenen Gebiete eine einheitliche kulturelle Prägung.

Als weiteres Element kam in der Spätphase des Römischen Reichs das **Christentum** hinzu. Die neue Religion überstand den Zusammenbruch der westlichen Reichshälfte und den damit verbundenen wirtschaftlichen und kulturellen Niedergang. Für den langsamen Prozess der erneuten Zivilisierung, der sich unter anderem unter der Herrschaft der Karolinger im Frankenreich vollzog, spielte das Christentum eine enorm wichtige Rolle. Gleichzeitig bewahrte es Reste der antiken Kultur wie z. B. die lateinische Sprache.

1 Menschen in vorgeschichtlicher Zeit

1.1 Von der Alt- zur Jungsteinzeit

Entwicklung des Menschen

Die Entwicklung des heutigen Menschen (*Homo sapiens sapiens*) vollzog sich über Jahrmillionen hinweg. Die wichtigsten Etappen waren der Gang auf zwei Beinen, wodurch ein intensiverer Einsatz der Hände möglich wurde, und die allmähliche Vergrößerung des Gehirns, das sich im Verlauf der Evolution etwa verdreifachte.

- Als erster Mensch oder Vormensch gilt der sogenannte **Australopithecus**, der im südlichen und östlichen Afrika lebte. Die ältesten bisher gefundenen Überreste sind etwa vier Millionen Jahre alt.
- Man geht davon aus, dass sich etwa vor 1,5 bis 2,5 Millionen Jahren daraus die Gattung **Homo** entwickelte. Etwa zu dieser Zeit breiteten die Menschen sich auch von Afrika in Richtung Asien und Europa aus. Australien und Amerika dagegen wurden erst vergleichsweise spät besiedelt (vor etwa 50 000 bzw. 30 000 Jahren).
- Diese Menschen entwickelten sich in verschiedenen Arten. Viele starben allerdings im Lauf der Zeit wieder aus. Gründe dafür sind z. B. große Klimaschwankungen, die immer wieder zu Eiszeiten führten, in denen sich das Nahrungsangebot und der Lebensraum verknappten. Eine der Menschenarten war der **Neandertaler**, der etwa vor 120 000 bis 30 000 Jahren lebte. Er war schon sehr weit entwickelt, starb aber dann innerhalb kurzer Zeit aus; möglicherweise wurde er vom **Homo sapiens**, also unseren Vorfahren, verdrängt.

Werkzeuge

Vor etwa 2 Millionen Jahren entstanden die ersten einfachen Werkzeuge, die meist aus Stein angefertigt wurden (daher der Begriff „Steinzeit“). Vorherrschend waren Geräte aus **Feuerstein**, der sich aufgrund seiner Härte und seiner scharfen Kanten besonders gut eignete. Im Lauf der Zeit wurden die Werkzeuge immer mehr verfeinert und aus Faustkeilen wurden Steinmesser, Äxte, Speer- und Lanzenspitzen, Bohrer usw.

Nutzung des Feuers

Die Nutzung des Feuers seit etwa 300 000 Jahren war einer der wichtigsten Entwicklungsschritte. Es spendete Licht und Wärme, diente zur Abwehr von Feinden und machte die Nahrungsmittel genießbarer, bekömmlicher und z. T. auch haltbarer (Räuchern).

Dabei konnten die Menschen anfangs das Feuer nur von natürlichen Quellen holen (z. B. Brände durch Blitzschlag) und mussten es dann gut hüten, damit es nicht wieder ausging. Erst allmählich lernten sie, selbst Feuer zu machen, z. B. durch Funken von Feuersteinen oder durch die bei der Reibung von Holz entstehende Hitze.

Die Rolle der Jagd

Die Steinzeitmenschen waren anfangs **Sammler**, d. h. sie lebten von Früchten und anderen Pflanzenteilen, auch von Fleisch aus Raubtierrissen. Erst mit den entsprechenden Werkzeugen wurden sie auch als **Jäger** aktiv, wobei große Säugetiere wie Elefanten, Nashörner oder Hirsche eine besonders ergiebige und darum wichtige Beute darstellten. In der Folgezeit bestimmte die Jagd das Leben der Menschen: Es wurde von Vorteil, sich zu größeren Gruppen zusammenzuschließen. Diese **Horden** waren nicht auf Dauer sesshaft und zogen auf der Suche nach Nahrung immer wieder umher. Als Unterkunft dienten dabei vor allem Höhlen oder Zelte aus Tierfellen. Die Bedeutung der Jagd ist auch dadurch erkennbar, dass für ihren Erfolg magische Kräfte bemüht wurden – diesen Schluss lassen zumindest Felszeichnungen oder Kultfiguren in Tiergestalt zu. Weitere Anfänge religiösen Bewusstseins zeigen sich in Funden von Grabbeigaben, die auf den Glauben an ein Weiterleben nach dem Tod hindeuten.

Übergang von der Alt- zur Jungsteinzeit

Mit dem Übergang von der Alt- zur Jungsteinzeit vollzog sich die größte Veränderung vor etwa 10 000 Jahren. Nach dem Ende der letzten Eiszeit begannen die Menschen, **sesshaft** zu werden. Aus Jägern und Sammlern wurden **Viehzüchter und Ackerbauern**. Dadurch verbesserte sich das Nahrungsangebot und die Vorratshaltung wurde erleichtert. Auf dieser Grundlage fand eine rasante kulturelle und technische Entwicklung statt: Die Menschen traten in immer intensivere Beziehungen zueinander, Handel und Arbeitsteilung nahmen zu, Grundbesitz wurde von Bedeutung und wichtige Erfindungen wie der Pflug, der Webstuhl oder das Töpfern wurden gemacht.

1.2 Metallzeit in Europa

Metallverarbeitung

Wohl schon bald nachdem die Menschen sesshaft geworden waren, entwickelten sie Verfahren zur Bearbeitung von Metallen. Im Vergleich zum Stein boten diese den Vorteil, dass sie **leichter zu formen** waren. Anfangs wurden reine Metallklümpchen aus Gold, Silber und Kupfer, die in der Natur nur selten vorkommen, durch Klopfen bearbeitet. Über das Hämmern von Metallen in glühendem Zustand gelangte man wohl zur Technik des **Schmelzens** aus Erz. Erst dadurch gewann Metall eine größere Bedeutung als Werkstoff.

Kupferzeit

Der Übergang von der Stein- zur Kupferzeit wird für die damals am höchsten entwickelten Kulturen in Vorder- und Südostasien etwa **ab 6000 v. Chr.** angesetzt; **bis etwa 4000 v. Chr.** verbreitete sich die Kupferbearbeitung über Afrika, Asien und Europa. Kupfer hat den Vorteil, dass der Schmelzpunkt mit ca. 1 000 °C vergleichsweise niedrig liegt und es somit mit einfachen Schmelzöfen aus dem Erz gewonnen werden kann. Der Nachteil ist allerdings, dass Kupfer relativ weich ist und es somit nur zum Teil den Stein als Werkstoff ersetzen konnte.

Bronzezeit

Etwa ab **3000 v. Chr.** breitete sich, wieder von Vorderasien ausgehend, die Bronze als Werkstoff aus. Bronze ist eine Legierung, d. h. eine Mischung von Kupfer und Zinn etwa im Verhältnis 9:1, und hat den Vorteil, dass sie wesentlich härter als Kupfer ist. Damit konnte auch für stark beanspruchte Werkzeuge der Stein durch ein formbareres Material ersetzt werden und die Herstellung von **neuen Waffen und Rüstungen** wurde nun möglich. Dies wirkte sich in zweierlei Weise auf das menschliche Zusammenleben aus:

- Erstens wurde der Entwicklungsstand in der Metallverarbeitung von grundlegender Bedeutung für das Leben einer Gemeinschaft, da fortgeschrittene Stämme weniger entwickelte Völker unterwerfen und ausbeuten konnten – die Zahl der Kriege stieg an und erste größere Reiche wurden errichtet.
- Daraus ergab sich die Notwendigkeit, mit der Entwicklung möglichst rasch Schritt zu halten. Vor allem Stämme, die nicht über eigene Erzvorkommen verfügten, waren dafür auf Händler angewiesen, was zu

immer weiterreichenden Verbindungen führte. Ebenso wurden für die Metallverarbeitung hoch spezialisierte Handwerker benötigt; die Arbeitsteilung nahm also zu.

Eisenzeit

Die Verwendung von Eisen als Werkstoff hat ebenfalls in Vorderasien ihren Ursprung (ab ca. 1500 v. Chr.). Eisen hat gegenüber der Bronze den Vorteil, dass es härter und biegsamer ist und Eisenerz viel häufiger und weiterverbreitet ist als Kupfer und Zinn. Der Nachteil ist aber der hohe Schmelzpunkt bei ca. 1 500 °C, der damals außer in China nirgendwo erreicht werden konnte. Somit war in den anderen Gebieten der Gewinnungs- und Verarbeitungsprozess sehr schwierig, da man das Eisen nicht gießen, sondern nur weich machen und durch Hämmern bearbeiten konnte. Dennoch löste etwa ab **800–700 v. Chr.** das Eisen die Bronze zumindest als Material für Werkzeuge und Waffen ab.

Bedeutende Kulturen

- Zur Zeit des Übergangs zur Bronzezeit sind die **Megalithkulturen**, vor allem im Westen Europas, anzusiedeln. Gemeinsames Merkmal ist die Errichtung von Anlagen aus sehr großen Steinen (z. B. Stonehenge in England). Da sowohl Bautechnik als auch Zweck der Anlagen später oft nicht mehr nachvollzogen werden konnten, gaben sie Anlass zu vielen Spekulationen. Heute geht man davon aus, dass die Bauten vor allem kultischen und astronomischen Zwecken dienten.
- In **Mesopotamien** (etwa dem heutigen Irak) entstanden die ersten Großreiche und Hochkulturen der Sumerer, Akkader, Babylonier oder Assyrer. Dort gab es die ersten Städte, große Festungen und es finden sich ab ca. 3000 v. Chr. die ältesten Spuren sowohl der Verwendung des **Rads** als auch der **Schrift** (sogenannte Keilschrift).
- In Mittel- und Westeuropa breitete sich in der Eisenzeit, bis zur Eroberung durch die Römer, die **keltische Kultur** aus. Die Kelten legten bereits größere Städte und Burgen an und lebten in Stammesverbänden. Neben dem Adel spielten die Druiden (Priester) und die Barden (Sänger) eine wichtige Rolle – bestens bekannt aus „Asterix“ („Gallier“ kommt von „Kelten“!).

2 Ägypten – eine frühe Hochkultur

2.1 Das alte Ägypten

Das alte Ägypten stellt eine der eindrucksvollsten frühen Hochkulturen dar, wobei das Siedlungsgebiet im Wesentlichen auf das fruchtbare Niltal und -delta beschränkt war.

Der Pharao

Unter dem „alten Ägypten" versteht man vor allem das etwa 3000 v. Chr. entstandene und bis ca. 500 v. Chr. bestehende Reich der **Pharaonen** (wenn auch spätere fremde Herrscher ebenfalls diesen Titel annahmen). Der Begriff „Pharao" bedeutet eigentlich „großes Haus" und bezeichnet also den königlichen Palast. Im Lauf der Zeit wurde er auf den Herrscher übertragen und schließlich zum offiziellen Titel.

Der Pharao war sowohl **religiöses** als auch **weltliches Oberhaupt** der Ägypter. Obwohl die Macht vom Vater auf den Sohn übertragen wurde, galt jeder Pharao auch als Sohn eines Gottes (Osiris bzw. Ra). Daher wurde er als eine Art Bindeglied zwischen den Menschen und den Göttern angesehen und musste in dieser Funktion die Götter gnädig stimmen. Als König gehörte ihm ursprünglich das ganze Land einschließlich der Menschen. Daraus wurde auch seine absolute **Macht über Leben und Tod** abgeleitet, die sich darin zeigt, dass er auch oberster Richter und damit Herr über Leben und Tod war sowie alle wichtigen Entscheidungen traf.

Die Priester und Beamten

Genauso wie beim Pharao kann auch bei seinen Helfern weltliche und religiöse Funktion nicht immer klar voneinander getrennt werden. So waren die Priester, die den Herrscher bei den „Gottesdiensten" unterstützten und vertraten, gleichzeitig wichtige **Berater im Staat**.

Da das Reich vom Palast des Pharaos aus zentral regiert wurde und dieser sich auch selten dem Volk zeigte, waren für die Ausführung und Umsetzung seiner Befehle und für das Funktionieren des Staats **Beamte** notwendig. Unter schwachen und wenig durchsetzungsfähigen Pharaonen konnten diese sogar zu den eigentlichen Herrschern werden. Sie sprachen im Auftrag des Pharaos Recht, organisierten Baumaßnahmen (z. B. Deiche und Bewässerungsanlagen) und kümmerten sich um die Eintreibung der Steuern, zu deren Zahlung alle Ägypter verpflichtet waren. Eine Sonderrolle in der Beamtenschaft spielten die **Schreiber:** Sie waren im Gegensatz zum Großteil der Bewohner Ägyptens in der schwierigen Bilderschrift (**Hieroglyphen**) ausgebildet. Ihre Aufgabe bestand zum einen darin, über Ernteerträge und Abgaben Buch zu führen, zum anderen lieferten sie auch Berichte für höhere Beamte.

Der Staatsaufbau im alten Ägypten

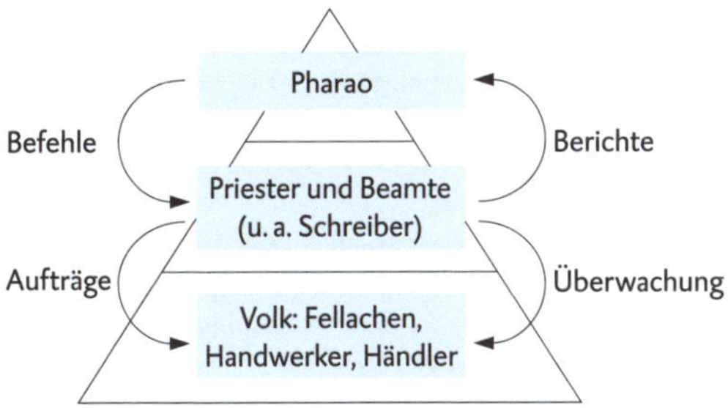

Das Volk

Der allergrößte Teil der Bevölkerung betrieb Landwirtschaft im Niltal. Diese Nilbauern hießen **Fellachen**. Sie waren weitgehend recht- und besitzlos, erst im Lauf der Zeit konnten sie auch selbst Eigentümer des von ihnen bestellten Lands werden. Sie waren nicht nur zu Abgaben an den Pharao verpflichtet, sondern auch zu Arbeitsdiensten, z. B. bei Baumaßnahmen. Diese fanden meist während der Nilüberschwemmung statt, da in dieser Zeit sowieso keine Feldarbeit möglich war.

Neben den Bauern gab es in den Städten auch Händler und Handwerker, die ebenfalls meist in bescheidenen Verhältnissen lebten.

Die Rolle der Frau

Bei den Ägyptern waren die Frauen, anders als bei vielen anderen Völkern, **den Männern** ziemlich **gleichgestellt**. Sie hatten eigenen Besitz und konnten bei wichtigen Fragen mitreden. Auch unter den Beamten und Priestern gab es Frauen. Die wohl berühmteste Ägypterin ist die Königin Nofretete, die zusammen mit ihrem Gatten, dem Pharao Echnaton, politische Reformen durchführte.

2.2 Kultur, Religion und Totenkult

Erfindungen der Ägypter

Die Ägypter machten enorme Fortschritte in Wissenschaft und Technik. Viele der neuen Entwicklungen hatten mit den besonderen Lebensbedingungen am Nil zu tun, wo Ackerbau nur an den Uferstreifen entlang des Flusses möglich ist:

- **Kalender:** Für eine effektive Landwirtschaft und Lagerhaltung war es wichtig zu wissen, wann das Hochwasser kam, das den fruchtbaren Schlamm auf die Felder brachte, und ab wann man wieder die Felder bestellen konnte. Aus der Regelmäßigkeit der Überschwemmungen und der intensiven Beobachtung von Sonne und Sternen entwickelte man die Einteilung der Zeit in Jahre (365 Tage) und deren Aufteilung in 12 Monate.
- **Geometrie:** Nach dem jährlichen Hochwasser war das Ackerland von Schlamm bedeckt, sodass man nicht mehr wusste, wo die Feldergrenzen waren. Darum entwickelten die Ägypter ein System der Vermessung des Lands – die Geometrie.
- **Hieroglyphen:** Sowohl für die Sicherung des Wissens als auch für das Funktionieren der Verwaltung war es wichtig, dass Informationen nicht nur mündlich weitergegeben wurden. Darum entwickelten die Ägypter nur kurze Zeit nach den Sumerern selbstständig eine Schrift in Bildzeichen (Hieroglyphen), die auf **Papyrus** geschrieben wurde.

Religion

Die ägyptische Religion ist polytheistisch, d.h. es gab mehrere Götter, die in Tempeln verehrt und denen Opfer dargebracht wurden. Das Ausmaß ihrer jeweiligen Verehrung veränderte sich immer wieder. Die wichtigsten Götter waren:

- **Ra** (auch Re): Der Name steht sowohl für den Sonnengott als auch für die Sonne selbst. Er galt als Schöpfer der Welt und als Beschützer aller Lebewesen und wurde oft mit einem Falkenkopf dargestellt (evtl. weil die Sonne wie ein Falke über den Himmel zieht). Er wurde teilweise gleichgesetzt mit den Göttern **Amun** und **Horus**.
- **Osiris** wurde meist als Mumie dargestellt. Dies erklärt sich aus seiner Funktion als Gott der Unterwelt.
- **Isis** war die Schwester des Osiris. Ihr wurden große magische Kräfte zugeschrieben und sie erschien in Menschengestalt, manchmal mit

einem Thron oder einer Sonnenscheibe als Kopfschmuck. Sie war nicht nur bei den Ägyptern beliebt, sondern wurde sogar noch von den Römern verehrt.

- **Horus** war der Sohn von Isis und Osiris. Er war ein Gott des Himmels und des Lichts und wurde meist als Falke dargestellt.
- **Anubis** war der Toten- und Friedhofsgott. Er wurde oft mit einem Schakalkopf gezeigt.
- **Seth** war der Bruder des Osiris und der böse Gott der Dunkelheit und des Unheils. Einer ägyptischen Göttersage zufolge ermordete er seinen Bruder, worauf dieser Gott der Unterwelt wurde. Seth wurde dann seinerseits von Horus getötet.

Totenkult

Die Ägypter glaubten fest an ein **Weiterleben nach dem Tod**. Dies wird aus dem Umgang mit den Verstorbenen deutlich: Sie erhielten in ihrer Begräbnisstätte Grabbeigaben für das Leben im Jenseits, vor allem Gebrauchsgegenstände und Nahrungsmittel. Auch sogenannte Totenbücher wurden ihnen mitgegeben, in denen Zaubersprüche, Gebete und andere Texte und Bilder verzeichnet waren, die den Verstorbenen Schutz bieten sollten. Man ging davon aus, dass die Seele in einem **Totengericht** gewogen wurde. Wenn sie leichter als eine Feder war, d. h. die guten Taten des Verstorbenen die bösen überwogen, kam sie ins Totenreich. Dort konnte sie aber nur weiterbestehen, solange der Körper des Toten unversehrt war. Darum war eine möglichst gute Konservierung von hoher Bedeutung. Wer es sich leisten konnte, ließ die Leiche der Verstorbenen **mumifizieren**, d. h. sie wurde einer speziellen chemischen Behandlung unterzogen, die eine Verwesung verhinderte. Zum Teil sind diese Mumien noch heute erhalten. Zum Schutz des Leichnams dienten auch verschlossene Grabkammern. Die berühmtesten dieser Begräbnisstätten sind die **Pyramiden** als Gräber von Pharaonen.

Die ägyptischen Pyramiden entstanden zwischen 2700 v. Chr. und 1000 v. Chr. und ihr Bau forderte einen riesigen Aufwand an Arbeitskraft und Material. Die berühmteste Anlage sind die drei Pyramiden von Gizeh bei Kairo, die um 2500 v. Chr. gebaut wurden. Die größte davon ist die Cheops-Pyramide, die ursprünglich 147 Meter hoch war. Zum – letztlich meist erfolglosen – Schutz vor Grabräubern wurde im Inneren oft ein System aus verwinkelten Gängen, Sackgassen und Geheimtüren angelegt.

3 Die griechisch-hellenistische Welt

3.1 Besiedlung, Kolonisation, Gesellschaft und Perserkriege

Besiedlung Griechenlands

Die „alten Griechen" bestanden aus mehreren miteinander verwandten Stämmen, die in zwei Phasen von Norden her auf die griechische Halbinsel zogen. Der größte Stamm der ersten Welle (etwa 2000 v. Chr.) waren die **Ionier**. Mitte des 2. Jahrtausends v. Chr. kam es zu einer ersten Blütezeit, der **mykenischen Kultur**, die palastähnliche Gebäude als Zentren hatte und auch Elemente der minoischen Kultur Kretas aufnahm. Wegen des Fehlens schriftlicher Quellen („dunkle Jahrhunderte") gibt es zum Niedergang der mykenischen Kultur nur Hypothesen.

Ab dem 8. Jahrhundert lassen sich Angehörige des Stamms der **Dorer** in eigenen Siedlungen in verschiedenen Teilen Griechenlands finden, u. a. auf der **Peloponnes**. Auch aufgrund der Kleinräumigkeit der griechischen Landschaft (Berge, Buchten, Inseln ...) bildeten die Einwanderer keinen großen gemeinsamen Staat, sondern lebten jeweils in Kleinstaaten, den sog. Poleis (Einzahl: die **Polis**), die sich aus einer Stadt und ihrem Umland zusammensetzte. Die wichtigsten Poleis der **Dorer** waren **Sparta** und **Korinth**, die wichtigste Polis der **Ionier** wurde **Athen**. Trotz aller Auseinandersetzungen verstanden sich die Griechen als ein Volk der **„Hellenen"**, dessen Kultur anderen Völkern, die sie als „Barbaren" (= Stotterer) bezeichneten, überlegen war.

Kolonisation

Das fruchtbare Ackerland in Griechenland war begrenzt und die steigende Bevölkerungszahl führte in vielen Poleis zu Nahrungsmittelknappheit. Aufgrund der wachsenden Not mussten Teile der Bevölkerung ihre Heimat per Schiff verlassen und an anderen Küsten neue Städte gründen. Die meisten dieser Kolonien entstanden in Italien (z. B. Neapolis, das heutige Neapel), in Südfrankreich (z. B. Massilia, das heutige Marseille) und an den Küsten des Schwarzen Meers. In diesen neuen Städten bewahrten die Siedler die heimische Kultur und blieben in Kontakt zu ihren Mutterstädten. So entstand ein weitverzweigtes Netz von Beziehungen, das für den Handel von großem Vorteil war.

Gesellschaft

Die Gesellschaft der griechischen Polis war anfangs geprägt durch die Eroberungszeit: Die jeweiligen Stammesführer wurden zu Königen der Kleinstaaten, ihre Unterführer zum Adel, der Rest der Krieger zu Stadtbürgern. Könige und Adel besaßen das beste Land.

In den meisten Kleinstaaten wurden im Lauf der Zeit die Könige gestürzt und an die Stelle der **Monarchie** trat die **Aristokratie**, d. h. die Adligen übernahmen die Macht. Da diese in vielen Fällen die Staatsgeschäfte zum persönlichen Nutzen betrieben, waren sie oft unbeliebt. In mehreren Poleis konnten darum einzelne Adlige mit Unterstützung des Volks vorübergehend die Macht an sich reißen und eine Alleinherrschaft (**Tyrannis**) bilden. Letztlich schwand aber in den meisten Kleinstaaten die Macht des Adels und die einfachen Bürger konnten immer mehr Mitspracherechte erringen – am Ende dieser Entwicklung stand in vielen Poleis die **Demokratie**, d. h. die Herrschaft der Bürger durch die Wahl der Staatsführer und durch Volksabstimmungen über Gesetze. Allerdings war weit über die Hälfte der Bevölkerung davon ausgeschlossen: Sklaven, Ausländer und Frauen hatten kein Wahlrecht.

Die Perserkriege

Die größte Bedrohung für die Griechen war der zweimalige Angriff durch den Nachbarn im Osten, das riesige Perserreich. Ausgangspunkt war ein Aufstand der ionischen Städte an der kleinasiatischen Küste, die schon länger unter der persischen Herrschaft lebten. Nachdem der Perserkönig Dareios die Städte wieder erobert hatte, wollte er auch den Rest Griechenlands, von wo der Aufstand unterstützt worden war, unter seine Herrschaft bringen. Da sich Athen und Sparta nicht freiwillig unterwarfen, landete 490 v. Chr. eine große persische Flotte bei **Marathon** in der Nähe von Athen. Trotz zahlenmäßiger Unterlegenheit griffen die Athener an und schafften es, die Perser in die Flucht zu schlagen.

Zehn Jahre später schickte **Xerxes**, der Sohn des Dareios, eine noch größere Flotte und ein Heer, um die Griechen endgültig zu unterwerfen. Inzwischen hatten die Athener aber selbst viele Schiffe gebaut und zogen sich aus der von den Persern zerstörten Stadt auf die Insel **Salamis** zurück, da in den engen Buchten ihre wendigen Schiffe den schweren Schiffen der Perser überlegen waren. Tatsächlich konnte die persische Flotte besiegt werden. Ein Jahr später, 479 v. Chr., schlugen die vereinten Griechen unter dem Oberbefehl Spartas auch das persische Landheer. Die Perser unternahmen daraufhin keine Angriffe auf Griechenland mehr.

3.2 Kultur der griechischen Antike

Für die heutige Welt spielt neben der Entwicklung der Demokratie das alte Griechenland auch als Grundlage der gesamten abendländischen Kultur eine wichtige Rolle.

Mythologie

In der Religion der griechischen Antike gibt es eine **Vielzahl von Göttern**, die zwar unsterblich sind und magische Fähigkeiten haben, den Menschen aber sowohl äußerlich als auch charakterlich ähneln – sie haben sowohl gute als auch schlechte Eigenschaften. Weil sie Einfluss auf das Schicksal der Menschen nehmen, müssen sie durch **Opfer** oder andere Zeichen der Verehrung gnädig gestimmt werden. Ihr Aufenthaltsort ist der **Olymp**, der höchste Berg Griechenlands.

Der oberste Gott war **Zeus** (Herrscher über Blitz und Donner), von großer Bedeutung waren außerdem seine Gattin Hera (Beschützerin der Ehe) und seine beiden Brüder Poseidon (Meeresgott) und Hades (Gott der Unterwelt). Athene (Göttin der Weisheit und des gerechten Kriegs), Apollon (Gott des Lichts, der Kunst und Wissenschaft), Ares (Gott des Kriegs) oder Dionysos (Gott des Weins) waren die wichtigsten der vielen Kinder des Göttervaters Zeus.

Die Götterfamilie

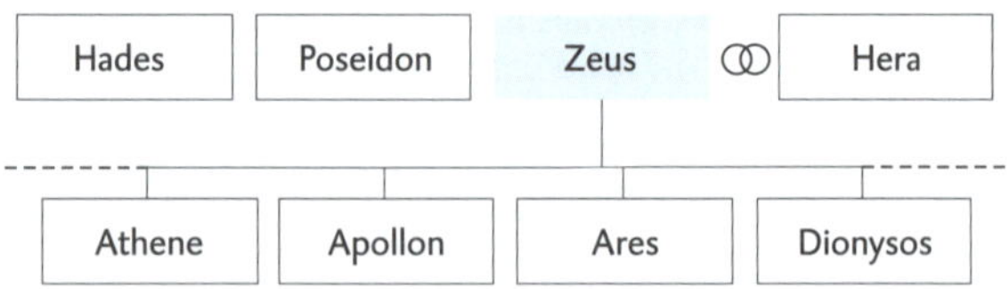

Großen Einfluss auf das Leben in Griechenland hatte auch das **Orakel von Delphi**. Es war die wichtigste Kultstätte Griechenlands und galt lange Zeit sogar als Mittelpunkt der Welt. Die Griechen glaubten, dass in dem Heiligtum des Apollon eine Priesterin, die Pythia, den Menschen die Zukunft vorhersagen könne. So fragten z. B. die griechischen Stadtstaaten vor jedem wichtigen Unternehmen in Delphi um Rat.

Die bedeutendste religiöse Veranstaltung waren die **Olympischen Spiele** zu Ehren des Zeus. Alle vier Jahre trafen sich die besten Athleten aus ganz Griechenland in Olympia, um sich in Wettkämpfen zu messen und für ihre Heimatstadt Ruhm und Ehre zu erringen. Seit 776 v. Chr., als die ersten Sieger schriftlich aufgezeichnet wurden, bildeten die Spiele die **Grundlage der griechischen Zeitrechnung** – jeweils die vier Jahre dazwischen wurden als Olympiade gezählt.

Kunst und Wissenschaft

- **Bildhauerei:** Vor allem athenische Künstler entwickelten eine Meisterschaft in der Darstellung menschlicher Körper. Die Bildhauer lernten, ihre Werke immer natürlicher wirken zu lassen, wobei sie sich auf die Darstellung von Ebenmaß und Schönheit konzentrierten. Darum bezeichnet man diese Kunst auch als „klassisch".
- **Architektur:** Nach dem Sieg über die Perser bauten die Athener ihre Stadt neu auf. Der größte Tempel auf der **Akropolis**, der Parthenon, war der Göttin Athene geweiht. Dieser Tempel wurde zum Inbegriff der griechischen Architektur und Vorbild für viele spätere Bauten.

Die wichtigsten Elemente des griechischen Tempels

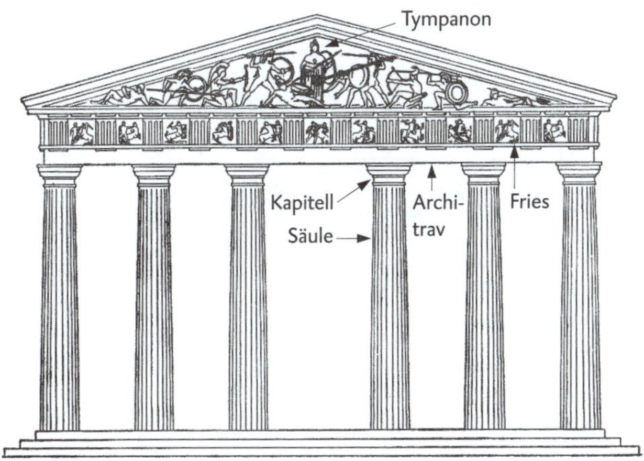

- **Literatur:** Die Griechen nutzten als erstes Volk die Schrift zur Aufzeichnung umfangreicher literarischer Werke. Als „Vater“ der griechischen Literatur gilt **Homer**, der um 800 v. Chr. in zwei Verserzählungen den Krieg der Griechen gegen die Trojaner („**Ilias**“) und die Irrfahrten des griechischen Helden Odysseus („**Odyssee**“) schilderte. So gab es also neben den Göttersagen auch viele Heldensagen, in denen aber ebenfalls Götter auftauchen. Diese Geschichten bildeten die Inspiration für viele Maler oder Schriftsteller.

  Auch Lieder, die zur Lyra, einem Saiteninstrument, vorgetragen wurden, schrieben die Griechen auf. Daraus entstand die **Lyrik**, d. h. die Kunst, Gedichte zu verfassen.

  Bei Festen zu Ehren des Gottes Dionysos wurden erstmals Schauspiele aufgeführt, aus denen sich das **Theater** entwickelte. Es diente nicht nur zur Unterhaltung, sondern auch zur Erziehung der Bürger: Indem in **Tragödien** schlimme Schicksale dargestellt und in **Komödien** menschliche Fehler verspottet wurden, machte sich das Publikum eigene Gedanken über richtiges und falsches Verhalten.

- **Wissenschaft:** Neben den Künstlern zog die Stadt Athen auch bedeutende Wissenschaftler an, die kritisch dachten und versuchten, die Welt auch ohne göttliches Wirken zu erklären. Man nannte sie **Philosophen**, wörtlich „Freunde der Weisheit“. Sie nahmen schon viele Erkenntnisse der modernen Naturwissenschaft vorweg. So behauptete z. B. Hippokrates, dass Krankheit keine Strafe der Götter, sondern natürlichen Ursprungs sei. Demokrit stellte die These auf, dass die Welt aus lauter winzig kleinen Teilen, den Atomen, bestehe. Mit solchen für die damalige Zeit unglaublichen Aussagen gerieten diese Menschen aber auch immer wieder in Gefahr, wegen Gotteslästerung angeklagt zu werden. Ein Opfer seiner Überzeugung wurde **Sokrates**, der den Wert des eigenen Gewissens und der Bescheidenheit betonte und durch geschicktes Fragen eingebildete Bürger bloßstellte; er wurde schließlich zum Tod verurteilt. Sein Schüler **Platon** und dessen Schüler **Aristoteles** wurden zu Begründern wichtiger Philosophenschulen.

3.3 Alexanderreich und Hellenismus

Aufstieg des Makedonenreichs
In der Folge der Perserkriege waren Athen und Sparta die mächtigsten Städte Griechenlands, bis sie sich in einem langen Krieg gegeneinander, dem Peloponnesischen Krieg, so schwächten, dass sie an Bedeutung verloren. Weitere Streitigkeiten unter den griechischen Poleis führten zu immer größerer Zersplitterung, sodass schließlich Philipp II., der König des **Makedonenreichs** in Nordgriechenland, in der Mitte des 4. Jahrhunderts v. Chr. eine **Vorherrschaft (Hegemonie) über die griechischen Kleinstaaten** erreichen konnte.

Alexander der Große

- Als Philipp 336 v. Chr. ermordet wurde, wurde sein 20-jähriger Sohn Alexander sein Nachfolger. Er verfügte aufgrund der Erziehung durch den Philosophen Aristoteles über eine breite Bildung und stellte bei der Machtübernahme bereits seine Entschlossenheit unter Beweis, als er rücksichtslos sämtliche Konkurrenten beseitigte und gegen Aufständische vorging.
- 334 v. Chr. begann Alexander mit einem etwa 35 000-köpfigen Heer einen **Feldzug gegen die Perser**. Mit dem Argument, es handle sich um Rache für die immer wieder erfolgten persischen Angriffe, gewann er auch die militärische Unterstützung der griechischen Poleis.
- Er überquerte die Dardanellen (eine Meerenge zwischen Mittelmeer und Schwarzem Meer) und brachte die griechischen Städte Kleinasiens unter seine Kontrolle. Die erste große Schlacht gegen das überlegene Heer des **Perserkönigs Dareios III.** gewannen die Truppen Alexanders im Jahr 333 v. Chr. bei Issos. Dort wandte er sich nach Süden und eroberte die persische Provinz Syrien, wodurch die Perser keinen direkten Zugang mehr zum Mittelmeer hatten.
  In **Ägypten** zog Alexander kampflos ein und wurde von den Priestern als Pharao, d. h. als König und Gott, gefeiert.
- In der griechischen Hafenstadt Tyrus heuerte er neue Soldaten an und führte sein Heer nach Mesopotamien gegen das Zentrum des Perserreichs: In der Schlacht bei der Stadt Gaugamela 331 v. Chr. wurden die Truppen des Dareios endgültig geschlagen und das griechisch-makedonische Heer eroberte die Städte Babylon, Susa und schließlich die Hauptstadt Persepolis, die Alexander niederbrennen ließ.

- Von dort aus brach er mit seinen Soldaten erneut nach Osten auf. Zum einen diente der Zug dazu, die restlichen Gebiete des Perserreichs zu sichern. Zum anderen wird überliefert, dass Alexander den „Okeanos", das Weltmeer am Ende der Landfläche (nach damaliger Vorstellung), erreichen wollte. Der Weg führte über das heutige Afghanistan und Usbekistan bis über den persisch-indischen Grenzfluss Indus. Wegen der unvorstellbaren Strapazen, des Monsunregens und Spannungen zwischen Alexander und seinen Truppen weigerte sich 326 v. Chr. das Heer, weiterzuziehen. Ein Teil der Soldaten erkundete mit Schiffen den Rückweg durch den Persischen Golf. Alexander kehrte durch die Wüste zurück ins Zentrum des Perserreichs. Ein großer Teil seiner Truppen überlebte die Strapazen nicht.
- Im Verlauf des Eroberungszugs, der als eine der erfolgreichsten militärischen Unternehmungen der Geschichte gilt, begann Alexander, seine Gebiete zu sichern. Dazu dienten zahlreiche **Städtegründungen** entlang der Route, die meist den Namen Alexandria erhielten, und die Verbreitung der griechischen Kultur im gesamten eroberten Raum. Da Alexander sich aber zunehmend den Persern zuwandte – er

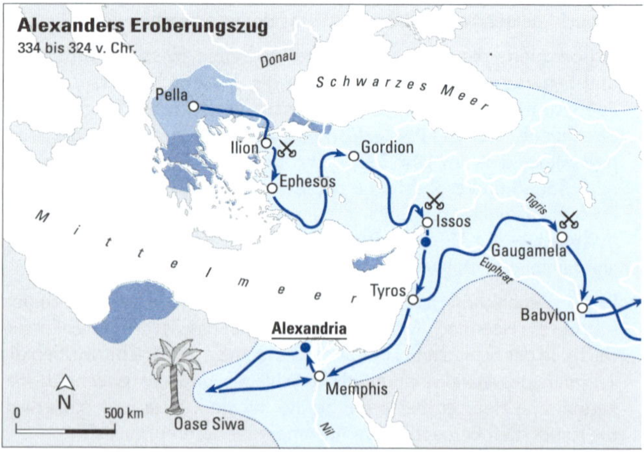

heiratete die persische Königstochter Roxane, übernahm das persische Hofzeremoniell mit Kniefall vor dem Herrscher und forderte die Verehrung seiner Person als Gott –, geriet er bei seinen makedonischen Weggefährten in die Kritik.

- Nicht zuletzt, weil seine Fähigkeiten mehr im militärischen als im politischen Bereich lagen, plante er weitere Feldzüge. Der Tod des 33-jährigen Alexander im Jahr 323 v. Chr. durch eine Fieberinfektion kam völlig unvermittelt und löste Kämpfe um seine Nachfolge aus.

Hellenismus

In den Kämpfen um die Nachfolge zerfiel das Reich in drei **Diadochenreiche** (gr. *diadochos*: Nachfolger), die von Generälen Alexanders und ihren Nachkommen regiert wurden, bis Rom sie im 2. und 1. Jh. v. Chr. eroberte. In dieser Zeit der Diadochenherrschaft traten die langfristigen Auswirkungen der Eroberungen Alexanders erst zutage: Die griechische Kultur, die bisher auf Griechenland beschränkt gewesen war, begann ihren Siegeszug durch die gesamte damals bekannte zivilisierte Welt, wo sie zu neuer Blüte weiterentwickelt wurde. Diese Epoche heißt **Hellenismus** (nach *Hellas*, der Bezeichnung der Griechen für ihr Land).

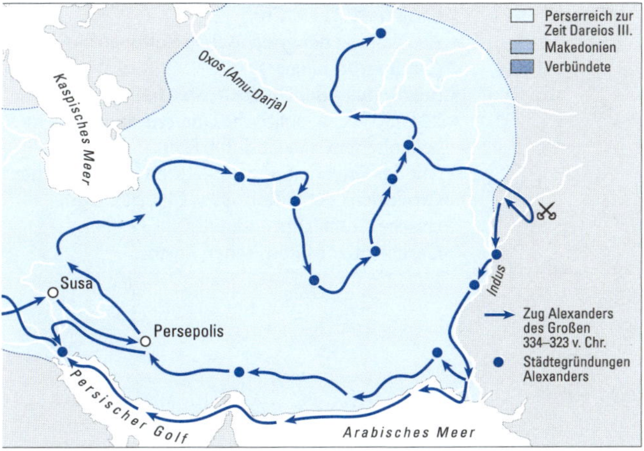

Die Hauptabschnitte der griechischen Geschichte

Ägäische Bronzezeit ca. 2500– ca. 1050 v. Chr.	• Palastkulturen auf Kreta (minoische Kultur), dem Festland (mykenische Kultur) und in Kleinasien (Troja) • großräumige Wanderungsbewegungen
„Dark Ages“ ca. 1050–800 v. Chr.	• starke Rückentwicklung in allen Lebensbereichen
Archaische Zeit ca. 800–490 v. Chr.	• Große Kolonisation, ca. 750–550 v. Chr.
Klassische Zeit 490–338 v. Chr.	• Abwehr der Perser (490– 479 v. Chr.) • Demokratie in Athen • Blütezeit der griechischen Kultur • Kampf zwischen Athen (Attischer Seebund) und Sparta (Peloponnesischer Bund): Peloponnesischer Krieg (431–404 v. Chr.) • Aufstieg Makedoniens zur Großmacht
Hellenismus 338–30 v. Chr.	• Griechenland unter makedonischer Herrschaft • Eroberungszug und Weltreich Alexanders des Großen († 323 v. Chr.) • Ausweitung der griechischen Kultur auf Asien (Städtegründungen) • Begründung der Diadochenreiche • 221–30 v. Chr. politische Unterwerfung der hellenistischen Welt durch Rom: Mit der Einverleibung des letzten hellenistischen Großreichs durch Rom 30 v. Chr. ist die griechische Geschichte endgültig ein Teil der Geschichte des Römischen Reichs.

4 Das Imperium Romanum

4.1 Von den Anfängen zur Weltmacht

Frühzeit

Der Sage nach wurde Rom im Jahr **753 v. Chr.** von Romulus, einem Nachkommen des trojanischen Helden Äneas, gegründet. Tatsächlich kann aufgrund archäologischer Funde eine Besiedelung der Hügel am Fluss Tiber schon für ein bis zwei Jahrhunderte früher angenommen werden. Sicher ist, dass die Stadt bis etwa 510 v. Chr. von Königen aus dem weiter nördlich liegenden Gebiet der **Etrusker** regiert wurde.

Republik

Nachdem die Römer den letzten König verjagt hatten, organisierten sie ihren Staat als **„res publica“**, d. h. als „öffentliche Sache“, in der alle Bürger an der Politik teilnehmen konnten. Die tatsächliche Macht besaßen allerdings die adligen **Patrizier**, denen höhere Ämter und ein Sitz im Ältestenrat, dem **Senat**, vorbehalten waren. Dies und die hohen Belastungen, denen die niedrigeren Volksschichten, die **Plebejer**, durch die häufigen Kriege mit den Nachbarn ausgesetzt waren, führten im 4. Jahrhundert zu inneren Streitigkeiten, den **Ständekämpfen**. Erst durch die Besserstellung der Plebejer kam es wieder zur Einheit der Römer.

Die römische Ämterlaufbahn

2 Konsuln
(Leitung des Staats, Oberbefehl über das Heer)

Prätoren
(v. a. Rechtsprechung)

Ädilen
(öffentliche Sicherheit und Ordnung)

Quästoren
(Finanzen)

Jährlich wählte die Volksversammlung die jeweiligen Amtsträger in der Staatsverwaltung. Wer als Konsul die oberste Stelle einnehmen wollte, musste vorher alle anderen Ämter ausgeübt haben.

Römische Tugenden

Die Einheit („*concordia*") war einer der wichtigsten Werte der Römer – sogar eine Göttin hieß so – und neben der **„disciplina"**, der freiwilligen Unterordnung unter eine Autorität, eine Voraussetzung für die militärischen Erfolge. Auch in der „*pietas*", der **Frömmigkeit**, sahen die Römer eine Wurzel ihres Aufstiegs. So hatten sie nach eigener Vorstellung durch die Huldigung an eigene und auch fremde Götter eine Art Recht auf deren Hilfe, zumindest auf Neutralität. Eine noch wichtigere Rolle als die „großen" Götter spielte für die Römer die Verehrung von **Haus- und Familiengöttern**, zu denen sie wohl auch ihre **Vorfahren** rechneten. Dies verstärkte das Bewusstsein, zu einer fest verbundenen Gemeinschaft zu gehören.

Expansion in Italien

Ein wichtiger psychologischer Grund für die Römer zur ständigen Ausweitung ihres Herrschaftsgebiets liegt wahrscheinlich in der „Beinahe-Katastrophe" des Jahrs 387 v. Chr.: Von Norden waren Gallier in Italien eingefallen und hatten den größten Teil der Stadt Rom erobert und geplündert. Nur gegen die Zahlung eines hohen Lösegelds waren sie wieder abgezogen.

Etwa ab diesem Zeitpunkt eroberten die Römer bis zum Jahr 272 v. Chr. Schritt für Schritt den gesamten italienischen Stiefel. Dabei ließen sie den besiegten Völkern in der Regel die Selbstverwaltung, sie mussten aber als **Bundesgenossen** Rom militärisch unterstützen. Wichtige Gebiete sicherten die Römer durch die Anlage von **Kolonien**, in denen sich römische Bürger ansiedelten.

Die Auseinandersetzung mit Karthago

Die größte Macht im westlichen Mittelmeerraum war die im heutigen Tunesien gelegene Stadt Karthago. Die auch **Punier** genannten Bewohner dieses Gebiets beherrschten die nordafrikanische Küste, den Süden und Osten der Iberischen Halbinsel sowie Sardinien und den Westen Siziliens. Vor allem die Seefahrt und der Handel waren bei den Puniern weit entwickelt.

Im Zuge des Aufstiegs der Römer wurde eine Auseinandersetzung immer wahrscheinlicher und entzündete sich schließlich an **Sizilien**. Das Eingreifen der Römer in dortige Konflikte verstanden die Karthager als Einmischung in ihre Angelegenheiten und es kam zu den **Punischen Kriegen**.

- Die Römer, die bisher nur zu Land gekämpft hatten, mussten sich im **1. Punischen Krieg** 264 v. Chr. auf den **Seekrieg** einstellen. Die Erfindung der Enterbrücke verhalf ihnen dazu, ihre Fähigkeiten im Nahkampf einzubringen und den Krieg nach über 20 Jahren zu gewinnen. Karthago musste **Sardinien** und **Sizilien an Rom** abtreten. Die Gebiete wurden zu den ersten **Provinzen**, d. h. sie wurden von einem Statthalter regiert und die Bevölkerung hatte wenig eigene Rechte.
- Der **2. Punische Krieg** brach im Jahr 218 aus, als es zu Streitigkeiten um den Einfluss in Spanien kam. Der punische Feldherr Hannibal suchte daraufhin nicht den Seekrieg oder wartete den römischen Angriff ab, sondern zog zur großen Überraschung der Römer mit einem Heer von über 50 000 Mann über Südgallien und die Alpen nach Italien, wo die Römer einige empfindliche Niederlagen erlitten. Daraufhin beschränkten sie sich darauf, einer Entscheidungsschlacht auszuweichen und abzuwarten. Da Hannibals Truppen in Italien aus seiner Heimat immer weniger Unterstützung erhielten und er den direkten Angriff auf die Stadt Rom nicht wagte, konnten die Römer diese Krisensituation überstehen. Nachdem sie allmählich in Spanien und auch in Italien die Punier zurückgedrängt hatten, griffen sie ihrerseits die Stadt Karthago an. **Hannibal** wurde mit seinem Heer zurückgerufen und **unterlag** im Jahr **202 v. Chr.** bei der Stadt **Zama** den Römern. Damit war die Auseinandersetzung entschieden und Rom erhielt große Gebiete als Provinzen.
- Der **3. Punische Krieg** von 149–146 v. Chr. bestand im Wesentlichen nur aus der Belagerung und **völligen Zerstörung Karthagos**.

Die Herrschaft Roms über den Mittelmeerraum

Nach dem Sieg über Karthago gab es für die Römer keinen ernsthaften Rivalen mehr im Mittelmeerraum. Endgültig wurde dies deutlich, als bis zur Mitte des 2. Jahrhunderts erst das Makedonenreich in Nordgriechenland, dann auch der Rest Griechenlands und der Westen Kleinasiens zu römischen Provinzen wurden. Aus dem Stadtstaat war ein großes Reich geworden – das **Imperium Romanum**.

4.2 Von der Republik zur Monarchie

Die Folgen des Aufstiegs zur Weltmacht

Die fast ständigen Kriege und die vielen Eroberungen veränderten das Gefüge des Römischen Reichs: Die Bauern bildeten den Großteil des Heeres, konnten aber nicht von den Erfolgen profitieren, da erobertes Land vor allem von den einflussreichen Familien in Besitz genommen wurde, die im Senat vertreten waren und auch die Heerführer stellten. Diese **Großgrundbesitzer** konnten durch die massenweise Versklavung von Kriegsgefangenen sehr billig produzieren. Viele kleinere landwirtschaftliche Güter gerieten so wirtschaftlich unter Druck, wenn sie nicht sowieso schon durch die lange Abwesenheit der Bauern im Krieg gelitten hatten. Die Folge war, dass viele Kleinbauern ihr Land an die Großgrundbesitzer verkaufen mussten und auf der Suche nach Arbeit nach Rom zogen. Diese neue städtische Unterschicht bezeichnete man als **Proletarier**. Da deren Situation immer schwieriger wurde, plante 133 v. Chr. der Volkstribun **Tiberius Gracchus** eine **Landreform**, um den Großgrundbesitz zu beschränken. Daraufhin ließen die Senatoren ihn ermorden. Dasselbe Schicksal ereilte seinen Bruder Gaius, der zehn Jahre später ähnliche Pläne zum sozialen Ausgleich verfolgte.

Popularen gegen Optimaten

Damit war die Spaltung der römischen Gesellschaft vollzogen: Während sich der Großteil der Adelsfamilien und seine Anhänger als die **„Optimaten“** (d. h. die Besten) bezeichneten, stellten sich einige Vertreter der Oberschicht auf die Seite der Massen – sie nannten sich **„Popularen“** (d. h. die Volksfreunde), verfolgten dabei aber oft auch persönliche Ziele.

Marius und Sulla

Im 1. Jahrhundert v. Chr. brach der offene Bürgerkrieg zwischen den beiden Parteien aus. Begünstigt wurde dies durch die **Heeresreform** des Popularen Marius, der eine **Berufsarmee** einführte, die viele Proletarier aufnahm und die noch existierenden Kleinbauern entlastete. Da nach 16 Jahren Dienstzeit die Soldaten von ihrem Feldherrn für die Zukunftssicherung ein Stück Land erhielten, waren sie enger an ihren Feldherrn gebunden als an den römischen Staat.

Als sich Marius mit seinem Gegenspieler, dem Optimaten Sulla, 88 v. Chr. um den Oberbefehl für einen Kriegszug in den Osten stritt, eroberten sie wechselseitig mit ihren Armeen die Stadt Rom und ließen

Anhänger ihrer Gegner ermorden. Schließlich setzte sich Sulla durch und übergab dann die Macht an **Pompeius**, einen seiner Generäle.

Caesar und Pompeius

Dieser geriet aber in Streit mit dem Senat und verbündete sich darum 60 v. Chr. in einem **Triumvirat** („Dreimännerbund") mit dem neuen Führer der Popularen, **Gaius Julius Caesar**, und einem reichen Adligen namens Crassus. Zusammen verfolgten sie nun ihre politischen Ziele und nahmen keine Rücksicht mehr auf die Senatoren. Caesar erhielt das Kommando über die Legionen im Süden Galliens und nutzte dies, um ganz Gallien zu erobern.

Da **Pompeius** die wachsende Macht Caesars fürchtete, verbündete er sich wieder mit dem Senat und forderte Caesar auf, seine Armee aufzulösen und sich in Rom vor Gericht zu verantworten. Caesar zog daraufhin mit seinem Heer nach Italien und schlug das Heer des Pompeius. Der floh zusammen mit den Führern der Optimaten, wurde aber in mehreren Schlachten besiegt und schließlich 48 v. Chr. ermordet.

Damit war der Weg für die **Alleinherrschaft Caesars** frei. Als „Diktator auf Lebenszeit" und mit vielen weiteren politischen Rechten ausgestattet begann er ehrgeizige Reformprojekte. An den „Iden des März" (15. März) des Jahres 44 v. Chr. wurde er jedoch infolge einer Verschwörung von Senatoren, die ihm vorwarfen nach der Königswürde zu streben und die Republik retten wollten, ermordet.

Augustus und das Prinzipat

Nach dem Tod Caesars schloss sich der 19-jährige **Gaius Octavianus** (Großneffe, Adoptivsohn und Erbe Caesars) mit **Marcus Antonius** (General Caesars) und dem Politiker Lepidus zum zweiten Triumvirat zusammen. Zwar verfolgten und besiegten sie gemeinsam die Caesarmörder, dann aber kam es zum **Bürgerkrieg** zwischen Octavian und Marcus Antonius, den Octavian im Jahr 31 v. Chr. gewann.

Damit konnte Octavian endgültig in die Fußstapfen Caesars treten, wollte aber vermeiden, dass ihm dasselbe Schicksal widerfuhr. Er gab 27 v. Chr. offiziell alle Sonderrechte an den Senat zurück und stellte so nach außen die Republik wieder her. Die Senatoren übertrugen ihm aber wiederum die Statthalterschaft über die Grenzprovinzen, womit er fast das ganze römische Heer unter seinem Befehl hatte. Außerdem verliehen sie ihm eine Reihe von Ehrentiteln, darunter auch **„Augustus"** (der Erhabene). Im Lauf der Zeit erhielt er weitere Rechte, darunter die „tribunizische Gewalt", die jeden Angriff auf seine Person streng verbot.

Dieses System bezeichnet man als **Prinzipat** (vom Titel „*princeps*“, d. h. der Erste): Formal bestand die Republik weiter, tatsächlich aber herrschte nur einer. Außerdem erreichte Augustus, dass die Erleichterung der Menschen über den **Frieden** („*pax Augusta*“) und den **wirtschaftlichen Aufschwung** nach Ende der Bürgerkriege seiner Politik zugeschrieben und damit seine Herrschaft akzeptiert wurde. Den Senatoren trat er öffentlich mit Achtung entgegen und gestattete ihnen persönliche Bereicherung.

Die Nachfolger des Augustus übernahmen das System des Prinzipats, wobei sich aber je nach Charakter die monarchischen Züge manchmal wesentlich deutlicher zeigten. Heute bezeichnet man die römischen Herrscher als **„Kaiser“**, was sich vom Namen „Caesar“ ableitet, den Augustus und seine Nachfolger in ihren Herrschertitel aufnahmen.

Die Auflösung der Republik

Weltreich

↓

bewirkt

↓

Ungleichheit / Machtkampf

Se nat

Optimaten Popularen

politische Mittel

- Blockade jeder Reform
- Ausnahmezustand

- Volksgesetze
- große militärische Kommandos

- Militärmachthaber
- Bürgerkriege
- Diktatur Caesars

↓

Monarchie

4.3 Alltag und Kultur der Römer

Die Stadt

Rom war die erste Millionenstadt der Weltgeschichte. Aber auch in anderen Regionen des Reichs wuchs die Bevölkerung und konzentrierte sich zunehmend in Städten. Dieses Zusammenleben musste organisiert werden. Zum einen wurde durch die Anlage großer mehrstöckiger **Wohnblocks**, sog. „*insulae*", billiger Wohnraum geschaffen. Über sanitäre Anlagen verfügten diese Massenquartiere aber im Normalfall nicht – darum waren öffentliche Toiletten und Bäder notwendig. Die gut ausgestatteten Badeanlagen, die **Thermen**, wurden zu einem Markenzeichen der Römer und fanden sich in allen Gegenden des Römischen Reichs. Eine Voraussetzung dafür war eine funktionierende Wasserversorgung. Überirdische Leitungen, sog. **Aquädukte**, führten das Wasser oft über viele Kilometer in die Ballungszentren, wo damit neben den Thermen auch Brunnen für die Allgemeinheit und die einzelnen Häuser der Reichen versorgt wurden. Ein System von **Abwasserkanälen** sorgte für ein Mindestmaß an Hygiene in den Städten.

Brot und Spiele

Ein Teil der Stadtbewohner war arbeitslos oder schlug sich mit Gelegenheitsarbeiten durch. Um die Menschen zu versorgen und bei Laune zu halten, organisierten die Herrscher auf eigene Kosten die Verteilung von Brot und Getreide sowie aufwendige **Zirkusspiele**. Bei diesen ging es oft um Leben und Tod: In der Arena der extra gebauten **Amphitheater** (das berühmteste ist das 50 000 Besucher fassende Kolosseum in Rom) kämpften **Gladiatoren** entweder gegen wilde Tiere oder gegeneinander. In speziellen Stadien – z. B. dem Circus Maximus in Rom – fanden **Wagenrennen** statt. Die Gunst der römischen Volksmassen wurde ein wichtiger Faktor der Herrschaft in Rom. Für die gebildeteren Schichten gab es Theater nach griechischem Vorbild.

Verkehr

Die riesige Ausdehnung des Römischen Reichs erforderte ein schnelles und sicheres Verkehrsnetz – sowohl für den weit verzweigten Handel als auch für militärische Transporte. Günstig dafür war die Lage rund um das Mittelmeer, sodass viele Regionen schnell mit dem **Schiff** erreichbar waren. Störfaktoren dabei waren allerdings die v. a. im Winter häufigen Stürme und in unruhigen Zeiten auch die Seeräuberei. Noch heute ist das römische **Straßennetz** beeindruckend, das sich über das gesamte Reichsgebiet erstreckte und meist befestigt war. So konnte man auch in Regenzeiten vergleichsweise rasch vorwärtskommen und blieb nicht – wie sonst üblich – im Morast stecken.

Sklaverei

Bei aller Bewunderung für die Leistungen und den für damalige Zeiten hohen Lebensstandard der Römer muss man sich immer vor Augen halten, dass dies alles nur möglich war, weil eine Vielzahl von **Sklaven** die **wirtschaftliche Basis** bildete. In die Sklaverei geriet man durch Kriegsgefangenschaft oder durch Entführung durch Sklavenhändler, ebenso teilten Kinder von Sklaven das Schicksal ihrer Eltern. Die Sklaven waren rechtlich Dingen und Tieren gleichgestellt, sodass der Besitzer mit ihnen verfahren konnte, wie er wollte – einschließlich ihrer Tötung.

Die Lebenssituation unterschied sich je nach Arbeit und Besitzer. Viele Sklaven mussten **harte Arbeit** unter miserablen Umständen in der Landwirtschaft oder in Bergwerken verrichten, wo sie teilweise bald an Entkräftung starben. Besser hatten es Sklaven, die in den Haushalten der Römer eingesetzt wurden, z. B. als Küchenpersonal, Erzieher oder sogar Verwalter. Hier kam es immer häufiger sogar zur **Freilassung** von Sklaven, die treue Dienste geleistet hatten.

Eine Sondergruppe waren die **Gladiatoren**, die für den Kampf in der Arena ausgewählt und trainiert wurden. Die meisten von ihnen wurden getötet; erfolgreichen Kämpfern winkten aber Ruhm und Reichtum.

Kultur

Die römische Kultur war **stark von der griechischen geprägt**. Nach der Eroberung Griechenlands kamen viele Gelehrte nach Rom und gewannen bald großen Einfluss auf Kunst, Literatur und Philosophie.

Auch der römische Götterhimmel ähnelte stark dem griechischen, sieht man von der **Sonderrolle der Haus- und Familiengötter** (s. 4.1) ab. Die Namen waren andere – Jupiter statt Zeus, Neptun statt Poseidon, Pluto statt Hades, Minerva statt Athene usw. –, aber die Charaktere und Geschichten der griechischen Mythologie (s. 3.2) wurden einfach auf die römische übertragen.

Grundsätzlich waren die Römer **in religiöser Hinsicht offen** und nahmen oft die Götter der besiegten Völker in ihre Religion auf. Eine sehr wichtige Rolle gewann z. B. der Kult um den persischen Sonnengott Mithras, bei dem die Opferung eines Stiers ein zentrales Ritual war. Viele Elemente des Mithras-Kults flossen ins Christentum ein (s. 5.1).

Die Hauptabschnitte der römischen Geschichte

8./7. Jh. v. Chr.	• Stadtwerdung Roms; **Königszeit**
um 510 v. Chr.	• Ende des Königtums • Rom wird von einer adligen Elite beherrscht, die sich im Senat trifft und die Ämter besetzt **(frühe Republik)**.
367–287 v. Chr.	• Ständekämpfe • Durch die Gleichberechtigung vornehmer Vertreter der Plebejer bildet sich in Rom ein neuer Leistungsadel, die Nobilität heraus. • Rom wird aber keine Demokratie **(klassische Republik)**.
ab 133 v. Chr.	• Durch wachsende Spannungen innerhalb der regierenden Schicht und ihre Überforderung ergeben sich Konflikte, die zunehmend gewaltsam ausgetragen werden. Sie führen zur Auflösung der traditionellen Ordnung **(späte Republik oder Revolutionszeit)**. • Schließlich bleibt nur noch die Frage, welcher Militärmachthaber eine neue Ordnung auf Dauer herstellen kann.
ab 30/27 v. Chr.	• Augustus, der Adoptivsohn von Julius Caesar, begründet eine neue, monarchische Ordnung **(Prinzipat oder Kaiserzeit)**.

Spätantike **284/306 n. Chr.**	Die Kaiser Diokletian und Konstantin gestalten das Römische Reich gründlich um, damit es die Gefahren von innen und außen (germanische „Völkerwanderung“) bestehen kann.
476 n. Chr.	Im Westteil des Reichs erlischt das zuvor schon machtlose Kaisertum; das Ostreich besteht als Byzantinisches Kaiserreich in veränderter Form bis 1453 fort.

5 Von der Antike zum Mittelalter

5.1 Das Christentum von der Verfolgung zur Staatsreligion

Entstehung des Christentums

Die Gestalt des **Jesus von Nazareth** ist historisch belegt. Er wirkte um das Jahr 30 in der römischen Provinz **Palästina** als Prediger und verkündete die Botschaft vom Reich Gottes. Weil man befürchtete, dass er damit politische Unruhen entfachen könnte, wurde er unter dem römischen Prokurator Pontius Pilatus zum Tod verurteilt und gekreuzigt. Seine Anhänger, v. a. die **Apostel**, lebten und predigten weiter in seinem Geist und wurden als eine von vielen jüdischen „Sekten“ angesehen.

Der Grundstein für die Entwicklung zur Weltreligion wurde durch die Entscheidung der frühen Christen gelegt, sich nicht auf den jüdischen Raum zu beschränken, sondern auch den Heiden, d. h. allen anderen Völkern, die „Frohe Botschaft“ des Christentums zu verkünden. Die Apostel unternahmen ausgedehnte **Missionsreisen** in den griechisch-kleinasiatischen Raum, aber auch bis nach Rom. Vor allem **Paulus** war dabei sehr aktiv und vertiefte in Briefen an die neu gegründeten Gemeinden die christliche Lehre.

Das Christentum war den meisten traditionellen Religionen darin überlegen, dass es eine umfassende Antwort auf die Frage nach dem **Sinn des Daseins** lieferte. Vor allem die Verheißung eines besseren Lebens im Jenseits sprach die Benachteiligten in der römischen Gesellschaft, wie Frauen und Sklaven, an. Eindruck machten die frühen Christen auch durch ihre Bereitschaft, für ihren Glauben zu sterben (**Märtyrer**).

Christenverfolgungen

Christen waren immer wieder Ziel von Verfolgung durch den Staat oder Opfer von Massenausschreitungen. Dies hatte im Wesentlichen zwei Ursachen: Da sie nur an **einen Gott** glaubten (**Monotheismus**), lehnten Christen die Vergöttlichung der Kaiser ab, die zum Bestandteil der römischen Staatsreligion geworden war. Aufgrund ihrer Absonderung und Andersartigkeit riefen sie außerdem Misstrauen hervor.

Die erste große Christenverfolgung gab es unter **Kaiser Nero** in der zweiten Hälfte des 1. Jahrhunderts. Ein Großbrand hatte Teile Roms verwüstet und die Christen wurden als Sündenböcke benutzt und zum Beispiel in der Arena wilden Tieren zum Fraß vorgeworfen. Dabei erweckten viele aber durch ihre ruhige Haltung, die sich aus dem Glauben an eine Erlösung nach dem Tod ergab, Erstaunen und z. T. auch Bewunderung. Aufgrund des Verfolgungsdrucks begannen die Christen sich zunehmend im Verborgenen zu organisieren und trafen sich z. B. in den **Katakomben**, den unterirdischen Grabanlagen außerhalb der Städte, was aber wiederum das Misstrauen der Nichtchristen erhöhte.

In der Folgezeit wechselten sich immer wieder Phasen relativer Ruhe mit Verfolgungsphasen ab – je nachdem, für wie wichtig der Kaiserkult vom jeweiligen Herrscher gehalten wurde.

Toleranz und Staatsreligion

Die entscheidende Wende trat zu Beginn des 4. Jahrhunderts ein, in einer Zeit erbitterter Machtkämpfe im Römischen Reich. Der Legende nach gewann Kaiser **Konstantin** die Entscheidungsschlacht gegen seinen Konkurrenten, nachdem er im Traum die Vision gehabt hatte, das Zeichen Christi auf die Schilder seiner Soldaten malen zu lassen.

Historisch sicher ist, dass er im Jahr **313 n. Chr.** im **Mailänder Toleranzedikt** das Verbot des Christentums aufhob und den Christen im ganzen Reich die freie Ausübung ihrer Religion gestattete. Obwohl er selbst sich erst kurz vor seinem Tod taufen ließ, förderte er das Christentum durch großzügige Landschenkungen und viele Kirchenbauten, wodurch es endgültig zur Massenreligion wurde. Auch berief er ein **Konzil** (Kirchenversammlung) in der Stadt Nicäa ein, auf dem wichtige Fragen der Glaubenslehre geklärt wurden.

Die Förderung des Christentums hatte einerseits persönliche religiöse Gründe. Andererseits versprach sich Konstantin wohl auch eine Sicherung seiner Herrschaft durch die Unterstützung vonseiten der effektiv organisierten Kirche.

War Konstantin noch bemüht, die Anhänger der alten römischen Religionen rücksichtsvoll zu behandeln, so gerieten diese während des 4. Jahrhunderts immer mehr unter Druck, bis schließlich 392 Kaiser **Theodosius** alle anderen Kulte verbot und das Christentum zur alleinigen **Staatsreligion** machte. Gleichzeitig hatte das Christentum auch deshalb immer mehr Anhänger gefunden, weil heidnische Traditionen in die neue Religion aufgenommen wurden.

5.2 Das Ende des Imperiums und seine Nachfolger

Wachsende Probleme

Die größte Ausdehnung erreichte das Imperium Romanum, das Römische Weltreich, Anfang des 2. Jahrhunderts n. Chr.: Es reichte von der Iberischen Halbinsel bis Mesopotamien und von Britannien bis Ägypten. Mit dieser auch für heutige Verhältnisse außerordentlichen Größe wuchsen aber auch die Probleme. Zwar gab es im Westen (Atlantik) und im Süden (Sahara) natürliche Begrenzungen, dafür waren aber die anderen **Grenzen wachsenden Bedrohungen** ausgesetzt, im Norden durch die germanischen Nachbarvölker und im Osten durch das Parther- bzw. ab Beginn des 3. Jahrhunderts das Sassanidenreich.

Gleichzeitig wurde es auch immer schwieriger, das Reich von einer Zentrale aus zu überblicken und zu regieren. Die römische Armee, die schon immer eine große Bedeutung gehabt hatte, wurde im Lauf der Zeit zum eigentlichen Machthaber. Das 3. Jahrhundert war geprägt von den sogenannten **Soldatenkaisern:** Feldherrn, die von den ihnen unterstehenden Truppen zum Kaiser ausgerufen wurden. Da des Öfteren Truppen in verschiedenen Reichsteilen zeitgleich ihre Feldherrn erhoben, zogen sie gegeneinander in den Krieg.

Teilung des Reichs

Etwa 50 Jahre lang kam es zu ständigen Machtkämpfen und Herrscherwechseln, bis sich 284 mit **Diokletian** wieder ein Kaiser für längere Zeit durchsetzte. Er zog die Konsequenzen aus der Unregierbarkeit des großen Reichs und **teilte es in eine Ost- und eine Westhälfte**, die wiederum jeweils zweigeteilt wurden.

Dieses System der **Tetrarchie** (Viererherrschaft) wurde zwar durch die Alleinherrschaft Konstantins (s. 5.1) wieder beseitigt, 395 fand jedoch die endgültige Teilung in ein ost- und ein weströmisches Reich statt. Hauptstadt des Ostreichs war die Stadt Byzanz bzw. **Konstantinopel** (heute Istanbul), Hauptstadt des Westreichs war erst Mailand, dann Ravenna – nicht mehr Rom, das zu unsicher und chaotisch war.

Die germanische „Völkerwanderung“

Schon länger war das Verhältnis zwischen Römern und **Germanen** zwiespältig: Zum einen bedrohten die Germanen die Grenzen und unternahmen immer wieder Raubzüge auf römisches Gebiet, andererseits gab es aber auch Handel. Außerdem trugen zunehmend nicht mehr die Römer selbst, sondern die bei den Grenzvölkern – u. a. den Germanen – angeworbenen Hilfstruppen die Hauptlast der Grenzverteidigung. Letztlich schafften einzelne germanische Feldherren sogar den Aufstieg bis in das Amt des Heermeisters, der die Spitze der römischen Armee und den eigentlichen Machthaber angesichts der zunehmend bedeutungslos werdenden Kaiser darstellte.

Mitte des 4. Jahrhunderts fielen im Gebiet nördlich des Schwarzen Meers die **Hunnen** ein – ein Reitervolk aus dem Osten, das unter seinem König Attila militärisch höchst erfolgreich war. Sie besiegten dort den Stamm der Ostgoten, verdrängten die Westgoten und lösten damit in einer Art Kettenreaktion die sogenannte **germanische Völkerwanderung** aus, die schließlich zum Ende des Weströmischen Reichs führte.

Eine Vielzahl von bewaffneten germanischen Stammesverbänden setzte sich damals in Bewegung, deren Ziel in der Regel dasselbe war: einen Teil des fruchtbaren und wirtschaftlich höher entwickelten Gebiets des Römischen Reichs zu erobern. Die Grenzen v. a. im Westreich konnten angesichts dieses wachsenden Drucks nicht mehr gehalten werden und im 5. Jahrhundert brach es schließlich auseinander. Der Germane Odoaker, Heerführer der römischen Truppen, setzte **476** den letzten weströmischen Kaiser Romulus Augustulus ab und auf dem Gebiet des Westreichs entstanden **vier größere Germanenreiche:** Der Stamm der Ostgoten eroberte Italien, die Westgoten die Iberische Halbinsel, die Vandalen Nordafrika und die Franken Gallien. Nur letztere konnten ihrem Reich Dauer verleihen (s. 5.3).

Der Zerfall des Imperium Romanum

Imperium Romanum

Germanenreiche	Oströmisches bzw. Byzantinisches Reich	Arabisch-Islamisches Reich
• *Ostgoten: Italien* • *Westgoten: Iber. Halbinsel* • *Vandalen: Nordafrika* • *Franken: Gallien*		

Das Byzantinische Reich

Auch das Oströmische Reich hatte unter der „Völkerwanderung" zu leiden, konnte sich aber behaupten. Kaiser Justinian eroberte im 6. Jahrhundert nochmals größere Gebiete des Westreichs zurück, diese konnten aber nicht auf Dauer gehalten werden. Im Byzantinischen Reich, wie das Ostreich nach seiner Hauptstadt auch genannt wird, entstand eine **eigene Kultur:** Das Griechische verdrängte das Lateinische und auch die Kirche entfernte sich unter der Führung des Kaisers von der westlichen Kirche, die unter Leitung des Papstes (als Bischof von Rom) stand. Ihren Schlusspunkt fand diese Entwicklung im **Schisma**, d. h. der endgültigen Spaltung zwischen katholischer und **orthodoxer Kirche** im 11. Jahrhundert. Das Byzantinische Reich bestand bis zu seiner Eroberung durch die osmanischen Türken 1453.

Der Islam

Mohammed, ein arabischer Karawanenführer, begründete Anfang des 7. Jahrhunderts eine neue Religion, den **Islam** (wörtl.: Hingabe an den Willen Gottes). In Anknüpfung an Juden- und Christentum verkündet auch der Islam den **Monotheismus**. Mohammed steht in einer Reihe mit Moses und Jesus (der vom Islam nicht als Sohn Gottes, sondern als Prophet gesehen wird). Ein wichtiger Schritt zum Durchbruch der neuen Lehre, die auf Offenbarungen beruhte und nach dem Tod Mohammeds im **Koran** niedergeschrieben wurde, war die **Hidschra**, die Flucht Mohammeds aus seiner Heimatstadt Mekka, wo er auf Ablehnung stieß, nach Medina im Jahr **622**, von wo aus der Islam seinen Siegeszug antrat. Darum ist dieses Jahr auch **Beginn der islamischen Zeitrechnung**.

Beim Tod Mohammeds 632 war der größte Teil der Araber bereits – z. T. gewaltsam im **„Heiligen Krieg"** – zum Islam bekehrt worden. Die Nachfolger Mohammeds setzten die Expansionspolitik, nun auch gegen andere Völker, fort: Innerhalb von gut 100 Jahren besiegten sie im Osten das ehemalige Perserreich und nahmen die Gebiete bis zum Indus ein, nach Westen dehnten sie ihr Reich durch die Eroberung Syriens, Palästinas und Ägyptens auf Kosten des Oströmischen Reichs aus und brachten die gesamte nordafrikanische Küste und sogar den Großteils Spaniens unter ihre Herrschaft.

Bald setzte sich in den eroberten Gebieten eine tolerante Glaubenspolitik durch: Christen und Juden durften ihre Religion behalten, mussten aber Tribut bezahlen. Im islamischen Großreich mit der Hauptstadt Bagdad blühten Wirtschaft, Kunst und Wissenschaft.

5.3 Das Frankenreich

Die Merowinger

Das einzige Germanenreich, das auf Dauer bestand, war das Reich der Franken. König **Chlodwig** aus der Familie der Merowinger setzte sich Ende des 5. Jahrhunderts rücksichtslos gegen rivalisierende fränkische Fürsten durch und einte dadurch seinen Stamm. Er besiegte den letzten römischen Statthalter in Gallien, eroberte weitere Gebiete und gründete auf diese Weise ein Reich, das einen Großteil des heutigen Frankreich und den Südwesten des heutigen Deutschland umfasste.

Anders als andere germanische Eroberer zerstörte er die römische Infrastruktur nicht, sondern knüpfte z. B. an die Verwaltung des Römischen Reichs an. Ein wichtiger Schritt zur Festigung der Frankenherrschaft war auch, dass die neue Oberschicht nicht wie in anderen Germanenreichen von der Bevölkerung isoliert blieb, sondern die fränkischen Eroberer sich mit den einheimischen Gallo-Römern vermischten. Der wichtigste Schritt aber war die Annahme des Glaubens der Bevölkerung, des **katholischen Christentums**, durch Chlodwig, wodurch er sich die Unterstützung durch die Bischöfe und die Anerkennung seiner Herrschaft beim Volk sicherte.

Beim Tod Chlodwigs 511 wurde das Reich nach fränkischer Sitte unter seinen Söhnen aufgeteilt, die es nach Süden und Westen weiter ausdehnten. Weitere Teilungen, Wiedervereinigungen, Erbstreitigkeiten und Machtkämpfe schwächten aber die Herrschaft der Merowinger-Könige. In dieser Phase wurden die obersten Reichsverwalter der Könige, die **Hausmeier**, zu den eigentlichen Machthabern.

Der Übergang der Herrschaft auf die Karolinger

Im östlichen Teilreich stellte die Familie der Karolinger die Hausmeier. Pippin der Mittlere konnte die Hausmeier in den anderen fränkischen Teilreichen verdrängen und wurde somit zum mächtigsten Mann im Herrschaftsgebiet der Franken. Sein Sohn Karl trat in seine Fußstapfen und festigte das Reich weiter. Den Beinamen „Martell“ (der Hammer), erhielt er, nachdem er das Vordringen von arabisch-islamischen Truppen nach Frankreich in der **Schlacht von Tours und Poitiers 732** verhinderte. Sein Sohn Pippin der Jüngere, der ihm 741 nachfolgte, versuchte nun, die errungene Machtposition der Familie durch die Übernahme der Königswürde auf Dauer durchzusetzen. Das Problem dabei war die germanische Vorstellung vom „**Königsheil**“, einer magisch-sakralen

Kraft, die an die bisherige Königsfamilie gebunden war. Pippin brauchte also eine religiöse Begründung seiner Herrschaft, die stärker war als das „Königsheil", und fand sie im **Bündnis mit dem Papsttum**.

Im Jahr 751 erreichte er, dass der Papst der Übertragung des Königtums auf die Karolinger zustimmte. Die bei der Königswahl anwesenden Bischöfe salbten den neuen Herrscher im Auftrag des Papstes, was bedeutete, dass Pippin durch die Gnade Gottes König sei. Im Gegenzug nahm der Frankenkönig den Titel „Schutzherr der Römer" an, besiegte den Stamm der Langobarden, die in Italien den Papst bedrohten und schenkte die eroberten Gebiete dem Papst. Damit war dieser nicht mehr nur religiöser Führer, sondern auch Herrscher über den „Kirchenstaat".

Eroberungen Karls des Großen (747–814)

Im Jahr 768 starb Pippin und drei Jahre später auch Karlmann, einer seiner beiden Söhne. Damit war der Weg für dessen Bruder **Karl** frei, die Macht im ganzen Reich zu übernehmen; berechtigte Nachfolgeansprüche von Karlmanns Söhnen ignorierte er dabei.

In den ersten Jahrzehnten seiner Herrschaft unternahm Karl eine Reihe von erfolgreichen Feldzügen, die sein Reich enorm wachsen ließen:

- Er besiegte abermals die **Langobarden** in Italien, die den Papst bedrängten, setzte deren König ab und ließ sich selbst zum Herrscher über das Langobardenreich in Nord- und Mittelitalien krönen. Danach erneuerte er in Rom das Bündnis mit dem Papsttum.
- Einen über dreißig Jahre langen Krieg führte Karl mit dem Stamm der **Sachsen** im heutigen Norddeutschland. Unter dem Vorwand der Bekehrung des letzten heidnischen Germanenstamms fiel er dort ein. Trotz immer wieder aufflackernder Aufstände, die brutal niedergeschlagen wurden, konnte er schließlich das Gebiet seinem Reich eingliedern; die Bevölkerung wurde zwangsmissioniert.
- Auch **Bayern**, das im 6. Jahrhundert schon vom Frankenreich abhängig gewesen war, sich aber in der Zwischenzeit davon befreit hatte, musste die Oberhoheit Karls anerkennen. Der letzte Vertreter der alten bayerischen Herzogsfamilie der Agilolfinger, Tassilo III., wurde in einem Kloster inhaftiert.
- Das nun nach Süden und Osten vergrößerte Reich sicherte Karl durch die Einrichtung von **„Grenzmarken"**, d. h. militärisch besonders abgesicherten Grafschaften an der Grenze, die eine Art Puffer gegen Einfälle von außen bildeten.

Kaiserkrönung

Die Machtstellung Karls war so groß und er herrschte über so viele Völker wie zuvor nur die römischen Kaiser. Darum wurden immer mehr Stimmen laut, die als Konsequenz auch diesen Titel für Karl forderten. Als der Frankenkönig am Ende des Jahres **800** in Rom war, übernahm **Papst Leo III.** die Initiative und **krönte Karl** – angeblich zu dessen Überraschung und Unmut – während des Weihnachtsgottesdienstes **zum Kaiser**.

Mit dieser Kaiserkrönung war der Grundstein zu einem lange andauernden **Streit zwischen weltlicher und geistlicher Führung** im Abendland gelegt: Die Päpste sprachen sich das Recht der Kaiserkrönung zu und manche leiteten daraus ab, dass sie dem Kaiser überlegen seien.

Insgesamt spiegelt die Kaiserkrönung die drei wesentlichen Grundlagen der Karolingerherrschaft wider: Sie verstanden sich als **germanische** Stammeskönige mit **christlicher** Prägung und knüpften an das **römische** Erbe an. Das Oströmische Reich, das sich als einziger Erbe des Kaisertitels sah, lenkte nach langen Verhandlungen ein und akzeptierte das Kaisertum Karls.

Weitere Entwicklung des Karlsreichs

Die antike Tradition wurde auch kulturell wiederbelebt. Unter der Regentschaft Karls kam es nach „dunklen Jahrhunderten" zu einer kurzen **Blütezeit von Kunst und Wissenschaft**. Aber schon die Enkel Karls des Großen bekriegten sich wieder. Im **Vertrag von Verdun 843** wurde eine folgenreiche **Dreiteilung des Reichs** beschlossen:

- Aus dem Westfrankenreich entwickelte sich Frankreich und
- aus dem Ostfrankenreich Deutschland.
- Das lang gestreckte Mittelreich, das von den heutigen Beneluxstaaten über den Osten Frankreichs bis nach Italien verlief, wurde allmählich dazwischen zerrieben – Burgund und Italien wurden selbstständige Königreiche, fielen aber genauso wie die Kaiserwürde mittelfristig an Deutschland.

5.4 Lebensformen und Ordnungsprinzipien: Grundherrschaft, Lehnswesen und Christentum

Im frühen Mittelalter bildeten sich Regeln und Wertordnungen aus, die für viele Jahrhunderte das Leben der Menschen und ihr Verhältnis zueinander bestimmten. Erstmals in deutscher Sprache niedergeschrieben wurden sie im 13. Jahrhundert im sogenannten **Sachsenspiegel**.

Grundherrschaft

Man geht davon aus, dass es ursprünglich bei den Germanen viele freie Bauern gab, die eigenes Land besaßen und Kriegsdienst leisteten. Im Lauf der Zeit wurden jedoch die meisten Bauern von einem **Grundherrn** abhängig, d. h. sie hatten das Eigentum an ihrem Hof und ihrem Land an einen größeren Grundbesitzer, z. B. einen Adligen oder ein Kloster, übergeben. Sie bewirtschafteten ihr Land zwar weiter, aber waren ihrem Grundherrn zu **Abgaben** (anfangs v. a. Naturalien, dann zunehmend Geld) und/oder **Frondiensten** (z. B. Bewirtschaftung der Güter des Grundherrn) verpflichtet. Ein Grund für diese Veränderung liegt darin, dass bei Aufgabe der Freiheit und Übertritt in die Abhängigkeit von einem Grundherrn **kein Kriegsdienst** mehr geleistet werden musste, der eine hohe Belastung war. Die Grundherren boten auch Schutz, sowohl vor Feinden als auch vor wirtschaftlicher Not.

Die abhängigen Bauern wurden als **Hörige** oder **Grundholde** bezeichnet und befanden sich mit ihrem Land in der Herrschaftsgewalt des Grundherrn, der die Gerichtsbarkeit ausübte und auch für den Schutz der Gemeinschaft zuständig war. Die Hörigen waren oft **„schollengebunden“**, d. h. sie durften ihren Hof nicht verlassen, und konnten sogar an einen anderen Grundherrn verkauft oder verschenkt werden.

Der Umfang der Abgaben und Dienste schwankte stark: Es gab Hörige, die über die Hälfte ihrer Zeit für Dienste aufwenden mussten, und es gab andere, die nur in der Erntezeit helfen oder einen geringen Zins bezahlen mussten.

Die Grundherrschaften waren zweigeteilt: Es gab erstens den **Herren- oder Fronhof**, der meist zentral lag. Dazu gehörten auch Einrichtungen wie Schmiede, Mühle, Back- oder Brauhäuser, die von allen genutzt werden konnten. Den zweiten Teil bildeten die **Höfe und Felder der Hörigen**.

Lehnswesen

Das Lehnswesen regelte das Verhältnis zwischen den Adligen und damit letztlich die Machtverteilung und die Politik im Staat des Mittelalters. Wie auch die Grundherrschaft war es ein Geben und Nehmen zwischen höher und niedriger gestellten Personen:

Der untergeordnete Adlige (**Vasall, Lehnsmann**) versprach dem **Lehnsherrn**, ihn durch Dienste im Krieg und in der Verwaltung zu unterstützen. Dafür bekam er vom Lehnsherrn ein **Lehen** (von „leihen") übertragen, in der Regel Ländereien, aber auch Rechte oder Ämter. Die Einnahmen daraus ermöglichten es z. B., dass der Vasall Truppen für einen Feldzug aufstellte und bewaffnete. Außerdem musste der Lehnsherr den Vasallen beschützen. Jede der beiden Seiten war zur **Treue** verpflichtet.

Der oberste Lehnsherr war der König. Die hohen Adligen, die ihr Land direkt von ihm als Lehen erhalten hatten, hießen Kronvasallen – in der Regel waren das Herzöge, Grafen oder Bischöfe. Sie konnten ihrerseits Teile des Lands wieder als Lehen an niedrigere Adlige weitergeben und sich so deren Unterstützung sichern.

Das Lehnswesen

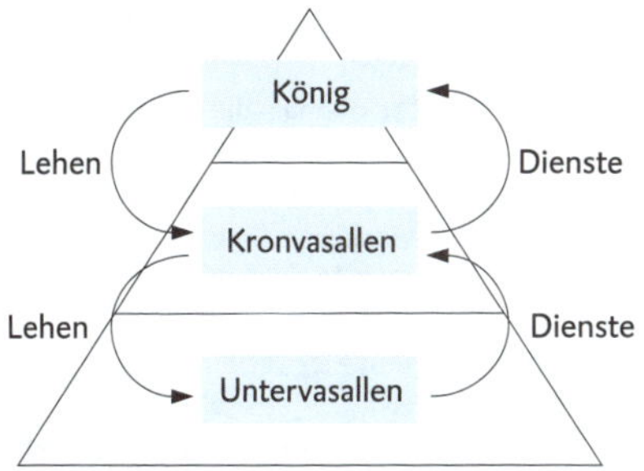

Die Übertragung des Lehens fand in einer feierlichen **Zeremonie** statt. Dabei kniete der Vasall und legte als Zeichen seiner Gefolgschaft seine gefalteten Hände in die des Lehnsherrn. Nach einem gegenseitigen **Treueeid** übergab der Lehnsherr seinem Vasallen eine Fahne oder ein Zepter als Zeichen für dessen Herrschaft über das Lehen. Dieser Vorgang hatte Vertragscharakter.

Zwei Sonderentwicklungen in Deutschland führten im Lauf der Zeit zu einer **Schwächung der Stellung des Königs:** Zum einen bildete sich nach und nach der sogenannte **Leihezwang** heraus, d. h. nach dem Tod eines Vasallen konnte der Lehnsherr das Lehen nicht an ihm besonders treu ergebene Gefolgsleute neu vergeben, sondern musste es wieder an den Erben des Verstorbenen verleihen. Zum anderen entwickelte sich in Deutschland, anders als in Frankreich, das Prinzip, dass die Vasallen **nur ihrem direkten Lehnsherrn zu Treue verpflichtet** waren. Wenn also z. B. ein Herzog mit dem König in Streit lag, mussten die Untervasallen den Herzog unterstützen und nicht den König, der eigentlich der oberste Lehnsherr war.

Die Rolle der Kirche

Nachdem sich im Römischen Reich das Christentum ausgebreitet hatte, setzte es sich auch in den frühmittelalterlichen Staaten durch. Im östlichen Frankenreich, das etwa Deutschland entspricht, spielte der angelsächsische Missionar **Bonifatius** im 8. Jahrhundert eine besonders wichtige Rolle. Er gründete auch die ersten Bistümer.

Da sie normalerweise gut ausgebildet waren, übernahmen im Lauf der Zeit die **Bischöfe** und auch Äbte von großen Klöstern neben ihren religiösen Aufgaben immer mehr Funktionen in Politik und Verwaltung. Nachdem mit diesen Ämtern auch die Herrschaft über Lehen verbunden war, setzte der König sie als Vasallen ein.

Auf regionaler Ebene hatten die **Klöster** oftmals die Grundherrschaft über große Ländereien und wurden so zu bedeutenden wirtschaftlichen und geistig-kulturellen Zentren, wie beispielsweise das französische Kloster Cluny. Viele Fortschritte in Handwerk, Landwirtschaft, aber auch Medizin wurden dort erarbeitet. Die Mönche forschten in der Theologie, aber auch in anderen Wissenschaften und unterrichteten den Nachwuchs in Klosterschulen. Auch viele künstlerische Erzeugnisse des Mittelalters entstanden in den Klöstern.

Die Leistung der Kirche bei der **Entwicklung einer zivilisierten Gesellschaft** darf nicht unterschätzt werden. Auch wenn es Fehlentwicklungen gab (s. II, 1.3), trug ihr Einfluss doch maßgeblich dazu bei, Gewalt und Willkür im Verhältnis zwischen den Herrschenden und zum Volk zurückzudrängen und durch Verhandlungen und das Einhalten von Rechtsordnungen zu ersetzen.

Vom Hochmittelalter zur Aufklärung

Im **Mittelalter** stand die **christliche Religion** auf dem Gipfel ihres Einflusses. Das Denken der Menschen sowie Kunst und Wissenschaft waren auf Gott und das Jenseits ausgerichtet. Die Herrscher verstanden sich als politische und religiöse Führer. Dabei gerieten sie in Konflikt mit den Geistlichen: Papst und Bischöfe wollten den Einfluss der Könige und Kaiser begrenzen und ihrerseits die weltliche Politik mitbestimmen.

Unbestritten war die **Führungsrolle des Adels:** Er besaß den Großteil von Grund und Boden und übte die Herrschaft aus – nur die aufstrebenden **Städte** konnten eine selbstständige Position erreichen. Der Staat war durch das **Lehnswesen** organisiert. Dabei gab es in den europäischen Ländern unterschiedliche Entwicklungen: Während sich in Frankreich die Macht beim König konzentrierte, musste der englische König die Herrschaft mit den Vertretern von Adel und Städten teilen. Eine Sonderrolle spielte das Heilige Römische Reich: Hier gingen viele Herrschaftsrechte vom König bzw. Kaiser auf die Landesfürsten und Städte über, die weitgehend selbstständige Staaten bildeten.

Der Beginn der **Neuzeit** im 15. Jahrhundert wird durch mehrere **Umwälzungen** markiert: Zum einen erkundeten Seefahrer immer größere Gebiete der Welt, zum anderen griffen Gelehrte und Künstler wieder auf die antike Kultur zurück. Durch beides erweiterte sich der geistige Horizont, traditionelle Vorstellungen wurden überwunden.

Auch die religiöse Einheit des Abendlands ging verloren: Im Zug der **Reformation** spalteten sich die Protestanten von der katholischen Kirche ab. Dieser Konflikt war eine der Ursachen des **Dreißigjährigen Kriegs**, in dem besonders Deutschland verwüstet wurde.

Die Entwicklung zum modernen Staat machte im 17. Jahrhundert große Fortschritte: Der **Absolutismus** stellte zwar den Gipfel der Fürstenmacht dar, hier wurden aber auch Einrichtungen wie ein stehendes Heer oder eine Staatsverwaltung durch Beamte geschaffen. Gleichzeitig entwickelten sich in der **Aufklärung** demokratische Grundsätze, die in England und den Vereinigten Staaten in die Praxis umgesetzt wurden.

1 Europa im Mittelalter

1.1 Herrschaftsbildungen und ihre Grundlagen

Entwicklungen in Europa

- **Frankreich:** Im westlichen Teil des Frankenreichs behielten die Karolinger die Königsherrschaft bis ins 10. Jahrhundert. Dabei wurden sie zunehmend in Machtkämpfe mit anderen Adelsfamilien verwickelt. Durch diese Auseinandersetzungen und durch häufige Plünderungszüge der Normannen (Wikinger) hatte das Königtum viel Einfluss verloren und die Adligen waren weitgehend selbstständig geworden. 911 hatte der König den Normannen Gebiete im Norden Frankreichs, die **Normandie**, als Lehen abtreten müssen. 987 löste Hugo Capet den letzten karolingischen König ab und begründete die Dynastie der **Kapetinger**, die Frankreich bis ins 19. Jahrhundert regierte.
- **England:** Nachdem sich in der Völkerwanderungszeit die Germanenstämme der Angeln und Sachsen dort niedergelassen hatten, begannen ab etwa 800 Normannen von Dänemark und Norwegen aus mit der Eroberung. Mehrere Jahrhunderte lang versuchten die Angelsachsen die Normannen abzuwehren, bis sie schließlich **1066** in der **Schlacht von Hastings** dem Normannen Wilhelm, Herzog der Normandie, endgültig unterlagen. Der Sieger ließ sich als **Wilhelm I. (der Eroberer)** zum König krönen und setzte eine straffe Verwaltung des Landes durch eine normannische Adelsschicht durch.
- **Skandinavien:** Die **Normannen** (oder **Wikinger**) aus Dänemark, Norwegen und Schweden stießen zwischen dem 8. und dem 11. Jahrhundert als **Kaufleute**, aber auch als **Eroberer** nach West- und Mitteleuropa und sogar bis Russland und in den Mittelmeerraum vor. Dabei konnten sie in England, in der französischen Normandie, in Russland und Süditalien **eigene Reiche** bilden. Während die europäischen Zeitgenossen die Normannen vor allem als brutale Plünderer wahrnahmen, ist man heute beeindruckt von ihren Leistungen in der Schiffbau- und Seefahrtstechnik. Es gilt als sicher, dass der Seefahrer **Leif Eriksson** bereits um das Jahr 1000 Nordamerika erreichte und dort Siedlungen gründete, die aber bald wieder aufgegeben wurden.

- **Spanien:** Der größte Teil Spaniens befand sich seit Beginn des 8. Jahrhunderts in Händen der islamischen Mauren. Unter der Herrscherfamilie der Omaijaden wurde die Stadt **Córdoba** zu einer der Metropolen der damaligen Zeit ausgebaut. Sie war größer, moderner und prächtiger als vergleichbare Städte im christlichen Europa dieser Zeit und in Kultur und Wissenschaft überlegen. Ab dem 10. Jahrhundert nutzten dann aber die kleinen christlichen Reiche im Norden Spaniens die zunehmende Uneinigkeit der Mauren für die **Reconquista** (Rückeroberung) Spaniens, die bis 1492 abgeschlossen war.
- **Italien:** Nach der Teilung des Karolingerreichs konnte sich in Italien auf Dauer keine starke Königsmacht mehr etablieren, was dauernde Machtkämpfe zwischen Adligen zur Folge hatte. 951 griff der deutsche König Otto I. auf einen Hilferuf der italienischen Königswitwe Adelheid hin ein, heiratete sie und ließ sich selbst zum König krönen. Ab diesem Zeitpunkt blieb die **Königswürde** Italiens für lange Jahre bei den jeweiligen **deutschen Herrscherfamilien**, die aber immer wieder Schwierigkeiten hatten, ihren Machtanspruch durchzusetzen.

Die Herrschaftsbildung in Deutschland

- **Die Stammesherzogtümer:** Im 9. Jahrhundert wurde auch im Ostteil des Frankenreichs die Macht der karolingischen Könige schwächer. Zu den wichtigsten Herrschaftsträgern wurden stattdessen die vier Herzöge der deutschen Stämme: **Sachsen** (Norden), **Franken** (Mitte), **Schwaben** (Südwesten) und **Bayern** (Südosten). Als fünftes großes Herzogtum kam später noch **Lothringen** (Westen) dazu. Diese regionale Einteilung blieb für lange Zeit Grundlage der Struktur Deutschlands.
- **Das Königtum:** Nach dem Tod des letzten Karolingers wählten die Adligen in Deutschland den Herzog Konrad von Franken zum neuen König, der aber nach wenigen Jahren starb. Konrad hatte vor seinem Tod den mächtigeren Sachsenherzog als Nachfolger empfohlen: Heinrich wurde 919 König. Maßgeblich für die weitere Zukunft wurden dann die Bedingungen der Königserhebung von dessen Sohn **Otto I. (936–973)**: Erst fand die „Designation" (Vorherbestimmung) durch den Vater noch zu Lebzeiten statt, dann nach dessen Tod eine Wahl durch die Adligen und schließlich die Königssalbung durch Bischöfe. Anders als in anderen Staaten blieb in Deutschland immer das **Wahlrecht der hohen Adligen** bestehen und wurde v. a. in Schwäche-

phasen des Königtums auch sehr bewusst eingesetzt. Als Zeichen der königlichen Macht galten die sogenannten **Reichsinsignien** (u. a. Krone, Reichsapfel, Zepter, Reichsschwert).
Eine Besonderheit des mittelalterlichen Königtums war, dass der König keine feste Residenz bzw. Hauptstadt hatte. Er reiste immer wieder mit seinem Hofstaat im Reich umher (**Reisekönigtum**), wobei er sich entweder in seinen Pfalzen (Königsgütern) oder bei anderen Adligen zu Besuch aufhielt. Mindestens einmal jährlich fanden **Reichstage** statt, bei denen der König mit allen wichtigen Adligen die anstehenden Fragen besprach.

- **Das Kaisertum:** Otto I. erreichte als erster deutscher König in Zusammenhang mit seinem Eingreifen in Italien im Jahr 962 sogar die Kaiserwürde, die fortan ein Anspruch der deutschen Könige war. Die **Krönung** wurde **durch den Papst** in Rom vorgenommen – Voraussetzung war also, dass der König nach Italien zog und außerdem Einverständnis mit dem Oberhaupt der Kirche herrschte. Aus diesem Grund waren nicht alle deutschen Könige auch Kaiser.
  Die Kaiserwürde war **keine tatsächliche Machtsteigerung**, aber sie beinhaltete zumindest theoretisch einen Vorrang an Würde gegenüber den anderen Herrschern im christlichen Abendland. Nachdem der Kaisertitel von den Römern stammte und das Herrschaftsgebiet sich auch über Teile Italiens erstreckte, wurde das Reich *„Imperium Romanum"* (**Römisches Reich**) genannt.

Das Verhältnis zwischen König und Adel im Mittelalter

König bzw. Kaiser
Aufgaben u. a.: Friedenssicherung, Heerführung, Rechtsprechung, Führung der Reichskirche

Wahl — Verbindung durch das Lehnswesen — Reichstage

geistlicher und weltlicher Adel
Spitze: Stammesherzöge

1.2 Ansätze zur Trennung von Kirche und weltlicher Herrschaft

Das Reichskirchensystem

In der Auseinandersetzung zwischen zentraler Königsmacht und dem regionalen Herrschaftsanspruch der Adligen konnten die Könige den Einfluss der Herzöge mithilfe der Reichskirche zurückdrängen, indem sie verstärkt **Bischöfe und Äbte in der Reichsverwaltung** einsetzten. Sie übergaben diesen im Akt der **Investitur** (Einsetzung) große Lehen und sicherten sich dadurch größere Spielräume: Da die geistlichen Vasallen aufgrund ihrer Ehelosigkeit keine erbberechtigten Kinder hatten, konnte der König nach ihrem Tod das Lehen jedes Mal neu an **treue Gefolgsleute** unter den Bischöfen und Äbten vergeben. Voraussetzung für das Funktionieren dieses Systems war allerdings, dass die Könige entscheidenden Einfluss auf die Bischofswahl nehmen konnten.

Die Kirchenreform

In der Zeit des 9.–11. Jahrhunderts häuften sich Missstände in der Kirche: Wiederholt wurden „Verweltlichung" und mangelhafte Bildung vieler Geistlicher sowie Machtkämpfe um Geld und Einfluss beklagt. Ab Mitte des 10. Jahrhunderts traten die Anhänger einer Kirchenreform diesen Problemen entgegen. Vor allem das französische Kloster **Cluny** galt als vorbildlich hinsichtlich einer Rückbesinnung auf ursprüngliche christliche Ideale wie Einfachheit und Demut und die Ehelosigkeit aller Priester.

Den endgültigen Durchbruch schaffte die Reformbewegung, als König **Heinrich III.** im Jahr 1046 nach Rom zog, um sich zum Kaiser krönen zu lassen. Dort stritten drei Päpste aus verschiedenen römischen Adelsfamilien um den Thron. Heinrich erklärte alle drei für abgesetzt und ließ einen neuen reformorientierten Papst wählen, der ihn dann zum Kaiser krönte. Dieses Vorgehen stellt einen Höhepunkt des königlichen Einflusses auf die Kirche dar – schon bald gehörte die Beschränkung des weltlichen Einflusses auf die Kirche zu den Hauptforderungen der Reformbewegung.

Der sogenannte Investiturstreit

Mit der Reform nahm die Ordnung innerhalb der Kirche, aber auch das Selbstbewusstsein der Päpste zu. Dadurch kam es zu einem Konflikt mit dem Königtum, das nach wie vor eine führende Rolle in der Kirche beanspruchte.

Aus der Rivalität zwischen König und Papst wurde eine offene Auseinandersetzung, als **Gregor VII.** 1073 Papst wurde. Anlass des Streits war die Frage nach der Investitur: Eine Synode (Kirchenversammlung) unter der Leitung von Gregor VII. verbot 1075 die Einsetzung von Bischöfen und Äbten durch Laien, also auch durch den König – nur noch Geistliche dürften die Investitur vornehmen. Damit war das Reichskirchensystem, d. h. das Fundament der Verwaltung im Reich, akut bedroht.

Gleichzeitig wurde dem deutschen **König Heinrich IV.**, falls er trotzdem Bischöfe einsetzen sollte, der **Kirchenbann**, d. h. der Ausschluss aus der Kirche, angedroht. Heinrich berief daraufhin einen Reichstag ein, der Gregor für abgesetzt erklärte. Als Reaktion darauf verhängte der Papst den Kirchenbann über Heinrich. Da rebellische Fürsten dies als Vorwand für einen Aufstand nutzten, musste Heinrich rasch handeln. Er zog 1077 nach Italien und leistete vor der Burg **Canossa**, in der sich der Papst aufhielt, drei Tage lang Buße, bis Gregor ihn vom Bann befreite.

Nach seiner Rückkehr konnte er seine Macht in Deutschland wieder festigen und zog schließlich ein weiteres Mal nach Italien, wo er Rom eroberte, Gregor verjagte und sich vom neuen Papst zum Kaiser krönen ließ. Obwohl die zwischenzeitliche Unterwerfung Heinrichs in Canossa wohl rein taktische Gründe hatte, wurde sie später immer wieder als Schwäche des Königtums gewertet.

Endgültig geklärt wurde der Investiturstreit aber erst unter König Heinrich V. im Jahr **1122** im **Wormser Konkordat:** Hier wurde als Kompromiss festgelegt, dass die Bischöfe und Äbte durch Geistliche gewählt wurden, der König bei der Wahl aber dabei sein durfte. Anschließend erhielt der Gewählte vom König das Lehen und leistete ihm dafür einen Treueeid. Danach fand die Weihe und eigentliche Investitur durch einen Gesandten des Papstes statt. Insgesamt wurde die **Kirche** also **selbstständiger**, der König verlor seinen Einfluss aber nicht völlig.

Weitere Auseinandersetzungen

Damit war zwar die Frage nach der Investitur geklärt. Der grundsätzliche Konflikt über die Frage, wer mehr Einfluss hatte, schwelte aber weiter zwischen König/Kaiser und Papst. Vor allem im 12. und 13. Jahrhundert, zur Zeit der mächtigen Kaiser aus der Familie der **Staufer** (Friedrich I. Barbarossa, Heinrich VI. und Friedrich II.) gab es immer wieder erbitterte Auseinandersetzungen. Erst als die deutschen Herrscher nach und nach ihren Einfluss in Italien verloren, entspannte sich die Lage etwas.

1.3 Umgang mit Fremdem

Die Kreuzzüge

- **Der Auslöser:** Die ehemalige römische Provinz Palästina, in der Jesus gelebt hatte, galt den Christen als „**Heiliges Land**" und war ein wichtiges Ziel für Pilger. Im Jahr 1077 war Jerusalem von den muslimischen Seldschuken erobert worden, die auch das Byzantinische Reich bedrohten. Darum sandte der oströmische Kaiser einen Hilferuf an die christlichen Staaten Europas, in dem er falsche Anschuldigungen gegen die Moslems erhob und behauptete, sie würden die Christen im Heiligen Land blutig unterdrücken.
  1095 reagierte **Papst Urban II.** mit einem **Aufruf zum Kreuzzug** zur Unterstützung der Christen im Orient. Der Appell fand unter dem Motto „*Deus lo volt*" („Gott will es") begeisterte Aufnahme.
- **Die Motive: Frömmigkeit** war sicher ein wichtiger Grund für diese Begeisterung – vor allem, nachdem der Papst den Teilnehmern die Vergebung ihrer Sündenschuld in Aussicht gestellt hatte. Daneben war es aber auch eine willkommene Gelegenheit für viele Adlige, ihren **Kampfesmut** unter Beweis zu stellen, durch Plünderungen **Gewinne** zu machen und möglicherweise sogar eigenes Land zu erobern.
- **Der 1. Kreuzzug:** 1097 sammelten sich Ritterheere vor allem aus Frankreich und Deutschland in Konstantinopel und brachen von dort nach Osten auf. Sie besiegten auf ihrem Vormarsch mehrere feindliche Heere und einzelne Adlige errichteten bereits eigene Herrschaftsgebiete. Im Sommer **1099** erreichten die Kreuzritter **Jerusalem**. Als sie nach mehrwöchiger Belagerung unter Führung des französischen Adligen Gottfried von Bouillon die Stadt einnahmen, richteten sie ein **Massaker** am jüdischen und muslimischen Bevölkerungsteil Jerusalems an, dem zigtausend Menschen zum Opfer fielen. In der Folgezeit kehrte ein Teil der Ritter wieder nach Europa zurück, während die anderen die Gründung und Entwicklung mehrerer **Kreuzfahrerstaaten** betrieben. Der größte Staat war das „Königreich Jerusalem".
- **Weitere Kreuzzüge:** Vor allem zur Unterstützung dieser Kreuzfahrerstaaten gegen Angriffe muslimischer Heere fanden in den folgenden Jahrhunderten weitere Kreuzzüge statt. Sie hatten aber nicht

mehr den Erfolg des 1. Kreuzzugs. Im Jahr 1291 ging das „Königreich Jerusalem" endgültig unter.

Der Begriff „Kreuzzug" wurde in der Folgezeit auch für militärisches Vorgehen gegen andere „Ungläubige" verwendet.

Insgesamt sind die Kreuzzüge sehr problematisch zu sehen. Neben der Tatsache, dass Hunderttausende dabei den Tod fanden, belasteten sie auf Dauer das Verhältnis zwischen Christen und Muslimen. Allerdings kam es auch zum kulturellen Austausch, von dem damals Europa profitierte, und es entstanden Handelsbeziehungen, die vor allem von den italienischen Seefahrerstädten wie Venedig auch nach dem Fall der Kreuzfahrerstaaten weiter gepflegt wurden.

Die Ketzer

Als „Ketzer" bezeichnet man christliche Bewegungen, die eine Lehre vertreten, die von derjenigen der Kirche abweicht. Der Begriff leitet sich von einer der bekanntesten Gruppen ab, den im 12. und 13. Jahrhundert verbreiteten **Katharern** (griech.: die Reinen) in Südfrankreich, die nach der Stadt Albi auch Albigenser genannt wurden. Eine weitere Gruppierung waren die **Waldenser** (gegründet vom Kaufmann Petrus von Waldes), die ihren Schwerpunkt in Südfrankreich und Norditalien hatten.

Wurzel der meisten Ketzergruppen war die im Mittelalter allgemein immer wieder geübte Kritik am Reichtum und an der Macht der Kirche. Manche dieser Kritiker ließen sich z. B. durch die Gründung von Mönchsorden mit strengem Armutsideal (wie der auf Franz von Assisi zurückgehende **Franziskanerorden**) in die Kirche integrieren. Die Distanz anderer Gruppen zur Kirche wurde aber so groß, dass sich diese „selbstständig" machten, indem sie eine **eigene Glaubenslehre** entwickelten. Aus der Sicht der Kirche waren sie damit „Irrgläubige", die bekehrt oder bekämpft werden mussten.

Das wichtigste Mittel dazu war die **Inquisition** (lat.: gerichtliche Untersuchung). Diese Einrichtung hatte die Aufgabe, in Zusammenarbeit mit der weltlichen Gerichtsbarkeit Aktivitäten der Ketzer zu untersuchen, über die betreffenden Personen zu urteilen und gegebenenfalls eine Bestrafung zu veranlassen. Eine führende Rolle dabei spielten die Mönche des neu gegründeten **Dominikanerordens**. Die Befragungen wurden oft unter Folter vorgenommen und endeten nicht selten mit der Todesstrafe durch Verbrennen.

Ein zweites Mittel, mit dem speziell die Katharer bekämpft wurden, war das des Kreuzzugs: Anfang des 13. Jahrhunderts führten die französischen Könige im Auftrag des Papstes die sogenannten **Albigenserkriege**, die in der fast völligen Vernichtung der Katharer endeten. Der größte Teil des bisher recht selbstständigen südfranzösischen Adels hatte den Katharern angehört. Deren Besitz fiel nun an das französische Königtum, das auf diese Weise die direkte Kontrolle über große Ländereien in Südfrankreich erhielt.

Die Juden

In vielen europäischen Städten gab es im Mittelalter jüdische Bevölkerungsgruppen, die z. T. wirtschaftlich und kulturell hoch entwickelt waren. Für sie galten besondere Rechtsvorschriften. So standen sie oft unter dem speziellen Schutz des Königs, was sie aber auch nicht vor wachsender Diskriminierung und Verfolgung schützen konnte.

Es gibt mehrere Ursachen für diesen **Antisemitismus:** Eine wichtige Rolle spielte der religiöse Unterschied. Der Gedanke der Toleranz war im mittelalterlichen Christentum nicht stark entwickelt und zudem stießen die Andersartigkeit von Sitten und Gebräuchen sowie auch die für Christen ungewohnte hebräische Schrift auf Misstrauen. Von christlichen Fanatikern wurden die Juden auch immer wieder als „Christusmörder" bezeichnet – damit konnten Ausschreitungen gegen sie scheinbar als Rache gerechtfertigt werden. Selten offen geäußerte, aber tatsächlich wohl wichtige Beweggründe waren wirtschaftlicher Natur: Bei wirtschaftlichem Erfolg der Juden waren nicht selten Neid und Habgier ein Anlass für Übergriffe. Vor allem aber übten Juden auch den Beruf des Geldverleihers aus, da ihnen wenig andere Berufsmöglichkeiten offenstanden. Daher konnten mit einer Tötung oder Vertreibung von Juden auch Schulden beseitigt werden.

Die Situation verschlechterte sich vor allem ab dem 12. Jahrhundert. Juden wurden gesetzlich gezwungen, spezielle Kleidung zu tragen, an der man sie sofort erkennen konnte. Ebenso mussten sie in eigenen Stadtvierteln, den **Gettos**, leben. Wenn bei Katastrophen Sündenböcke gesucht wurden oder aufgrund falscher Vorwürfe – oft bizarre Vorstellungen wie Ritualmorde an Kindern oder Hostienschändungen – kam es zu **Pogromen** (Ausschreitungen) gegen Juden, bei denen z. T. ganze jüdische Gemeinden vertrieben oder sogar umgebracht wurden. Im späten Mittelalter wurden die Juden aus vielen west- und mitteleuropäischen Ländern vertrieben; die meisten siedelten sich in Osteuropa an.

1.4 Lebenswelten: Stadt, Dorf, Adelshof, Kloster

Die Stadt

In der Regel fand eine Stadtgründung statt, indem einer Siedlung das **Stadtrecht** durch den jeweiligen Landesherrn (Herzog, Bischof o. a.) verliehen wurde. Oft lag sie bei einer Burg oder an verkehrsgünstigen Orten wie Brücken oder Häfen. Das Stadtrecht beinhaltete verschiedene hoheitliche Rechte, die oft einen **wirtschaftlichen Vorteil** brachten, wie Marktrecht, Münzrecht oder Zollfreiheit. Auch das Recht auf eine eigene Verwaltung und Gerichtsbarkeit oder das Befestigungsrecht konnte vergeben werden. Eine Sonderrolle spielten die **freien Reichsstädte**, die durch den König auf Reichsland gegründet worden waren und ihm direkt unterstanden.

An der Spitze der städtischen Gesellschaft standen die reichen Kaufleute (**Patrizier**). Sie übten die Herrschaft aus und wählten die Bürgermeister und Ratsherren aus, die als **Rat der Stadt** die Stadtregierung bildeten.

Die Handwerksmeister der Stadt waren in Berufsgruppen, den **Zünften**, organisiert. Diese Zünfte trafen einheitliche Regelungen für die jeweiligen Betriebe. So war die Ausbildung vom Lehrling über den Gesellen zum Meister festgeschrieben, ebenso die Anzahl der Betriebe in der Stadt, Arbeitszeiten sowie Qualität und Preis der Produkte. Diese Regeln stellten zwar das **wirtschaftliche Überleben** aller Betriebe sicher, behinderten aber auch neue Entwicklungen und **benachteiligten die Handwerksgesellen**. Die Zünfte übernahmen auch wichtige **soziale Funktionen** wie die Versorgung in Not geratener Mitglieder sowie von Witwen und Waisen; ebenso konnten sie im Verteidigungsfall Einheiten stellen. Macht und Einfluss der Zünfte stiegen in vielen Städten so stark an, dass diese sogar die **Beteiligung an der Stadtregierung** erzwingen konnten. Ähnlich strukturiert waren die **Gilden** der Kaufleute.

Das Dorf

- **rechtliche Situation:** Die Landbewohner, die im Mittelalter über 90 % der Bevölkerung darstellten, waren in der Regel als **unfreie Hörige** von ihrem Grundherrn abhängig. Das bedeutet konkret, dass sie dem König oder einem anderen Adligen oder einem Kloster zu Abgaben und Diensten verpflichtet und meist auch dessen Gerichtsbarkeit unterworfen waren (s. I, 5.4). In diesem Zusammenhang war auch die Mobilität eingeschränkt, d. h. ein Höriger durfte nicht gegen den Willen seines Grundherrn in ein anderes Gebiet umziehen. Eine Ausnahme stellte die Übersiedlung in eine Stadt dar: Wer nach dem Rechtsgrundsatz „**Stadtluft macht frei**“ als Unfreier ein Jahr in einer Stadt gelebt hatte, ohne dass ihn sein Herr zurückgefordert hatte, galt als freier Stadtbewohner.
- **Lebensumstände:** Das Leben der Bauern war beschwerlich. Die Arbeit in der Landwirtschaft war mit den damaligen Hilfsmitteln hart und brachte meist nicht viel Ertrag. Nach dem Abzug der Abgaben an den Grundherrn und die Kirche reichte die Ernte normalerweise gerade noch zur **Selbstversorgung** – manchmal nicht einmal dafür: **Hungersnöte** waren keine Seltenheit. Da sie nicht viel verkaufen konnten und somit kaum Geld einnahmen, mussten die Bauern auch den größten Teil ihrer Geräte, Möbel, Kleider usw. selbst anfertigen.
- **neue Entwicklungen:** Nach und nach gab es Verbesserungen, die eine höhere Ernte ermöglichten. Dazu zählte die Umstellung von der Zwei- auf die **Dreifelderwirtschaft:** Statt wie vorher die Felder jedes zweite Jahr zur Erholung des Bodens brach liegen zu lassen, baute man nun ein Jahr lang Sommergetreide und ein Jahr lang Wintergetreide an und ließ das Feld erst im dritten Jahr ruhen. So wurden statt der Hälfte zwei Drittel des Lands genutzt. Die Anbaufläche vergrößerte sich auch durch die Rodung von Wald und die Trockenlegung von Sümpfen. Neben der Weiterentwicklung landwirtschaftlicher Geräte führte auch eine Klimaerwärmung zu besseren Erträgen.

Der Adelshof

- **Burg:** Da die Adligen – sofern sie nicht als höhere Geistliche in die Dienste der Kirche getreten waren – als Ritter die Kriegerschicht darstellten, mussten ihre Wohnsitze gleichzeitig auch als **militärische Anlagen** dienen. Im Normalfall lebten sie darum auf einer Burg, die entweder durch die Lage auf einem Felsen oder am Wasser geschützt war. Auch konnte man von dort aus Verkehrswege überwachen. Zur Verteidigung gegen Angriffe dienten dicke Mauern, Gräben, Schießscharten und Türme. Der eigentliche Wohnsitz des Ritters war der **Palas** (Herrenhaus). Das Leben auf der Burg war nicht komfortabel: Vor allem im Winter war es kalt und dunkel und die Versorgung von Höhenburgen mit Lebensmitteln und Brennholz war oft mühsam.
- **adliges Leben:** Unter den Rittern herrschten meist raue Sitten. Besonders problematisch war ihr Recht zur **Fehde**, d. h. Streitigkeiten untereinander mussten nicht friedlich gelöst, sondern konnten kriegerisch ausgetragen werden. Dabei galten die Angriffe aber in der Regel nicht den gut gesicherten Burgen, sondern den umliegenden Dörfern, sodass meist die Bauern die eigentlichen Leidtragenden waren.
  Eine wichtige Rolle bei der Zivilisierung dieser rauen Sitten spielte die Herausbildung eines **Ritterideals**. Demnach sollte ein Ritter zwar geschickt und tapfer im Kampf sein, aber auch über Manieren verfügen und **Tugenden** wie Zuverlässigkeit, Zurückhaltung oder Barmherzigkeit verkörpern. Vor allem in der Literatur wurden solche Ritter als Vorbilder dargestellt. Da die meisten Ritter nicht lesen konnten, wurden die Geschichten und Lieder auf den **Hoffesten** vorgetragen. Bei diesen Veranstaltungen konnten die Ritter ihre Kräfte beim **Turnier** auch auf zivilisiertere Weise messen.

Das Kloster

Für die einfache Bevölkerung war der König oder der Herzog weit entfernt. Im Alltag spielten die Klöster oft eine viel wichtigere Rolle: Sie waren als große Grundherrschaften der **Lebensmittelpunkt** für viele Menschen. Im Kloster gab es z. B. Mühlen, Bäckereien oder Brauereien, die von allen genutzt werden konnten. Auch um Krankenpflege und Bildung kümmerten sich die Mönche und boten Reisenden eine Unterkunft. Und nicht zuletzt waren die Klöster Orte von Gottesdienst und Seelsorge – im Mittelalter für viele Menschen wichtiger als die irdischen Bedürfnisse.

1.5 Die europäische Staatenwelt auf dem Weg in die Neuzeit

England

Nach der Eroberung Englands durch Herzog Wilhelm von der Normandie (s. 1.1.) errichtete dieser ein starkes Königtum. Die englischen Könige verfügten zusätzlich über große Besitzungen in Frankreich. Diese waren umkämpft und erforderten immer wieder längere Kriegszüge, in denen der König nicht in seiner Heimat war. Nachdem der englische König Johann „Ohneland" eine wichtige Schlacht in Frankreich verloren hatte, geriet er unter Druck: Die englischen Adligen verlangten für ihre weitere Unterstützung große politische Mitspracherechte. 1215 musste Johann die **Magna Charta** unterschreiben. In dieser Urkunde war u. a. festgehalten, dass der König Steuern nicht ohne Einverständnis des Adels erheben konnte. Als feste Einrichtung, in der König, Adel und bald auch Abgesandte der Städte miteinander verhandelten, um gemeinsam Entscheidungen zu treffen, entstand das **Parlament**. Es teilte sich im 14. Jahrhundert in das Oberhaus für den Hochadel und das Unterhaus für den niederen Adel und die Vertreter des Bürgertums, betonte aber dennoch das gemeinsame Interesse der Mächtigen in England gegenüber dem König.

Frankreich

Die Stellung des französischen Königs war zunächst äußerst schwach: Noch um 1100 beherrschte er nur die Gegend um Paris direkt. Der Rest des Landes war zwar königliches Lehen, die Adligen vor Ort gestanden dem König aber wenig Einfluss zu. Vor allem die Herzöge der Normandie, die ja seit 1066 auch englische Könige waren, und die südfranzösischen Adligen betrieben selbstständige Politik.

Eine wichtige Voraussetzung für den Ausbau der Königsmacht war die **Erbmonarchie**. Anders als in Deutschland gab es kein Wahlrecht der Fürsten, sodass der König weniger Rücksicht auf deren Interessen nehmen musste. Nach und nach gelang es den französischen Königen, ihren Besitz zu vergrößern, häufig durch die Eroberung von Ländereien, wie z. B. in den Albigenserkriegen. Die lange schwelende Auseinandersetzung mit den englischen Königen führte zum **„Hundertjährigen Krieg"** gegen England (14./15. Jahrhundert). Nach diesem Konflikt, den Frankreich siegreich beenden konnte, war ein Zusammengehörigkeitsgefühl aller Franzosen unter einem starken König entstanden.

Heiliges Römisches Reich

Die deutschen Herrscher waren auch Könige von Italien und Burgund. Da sie also mehrere Länder regierten und ein Vorrecht auf die Kaiserwürde hatten, wurde ihr Herrschaftsgebiet in Anlehnung an die mächtigen Kaiser der Antike „Römisches Reich" genannt. Der Zusatz „Heiliges" wurde im 12. Jahrhundert vorangestellt, um gegenüber dem Papst deutlich zu machen, dass der deutsche Herrscher in der Gnade Gottes stand.

Zwei Entwicklungen führten dazu, dass sich in Deutschland **kein** so **starkes Zusammengehörigkeitsgefühl** bildete:

- Zum einen musste Kaiser Friedrich II. 1220 bzw. 1232 die sogenannten **Fürstengesetze** erlassen, in denen er zugunsten der Fürsten offiziell auf die wichtigsten Regalien, d. h. Königsrechte wie Markt-, Münz- und Zollrecht oder Steuererhebung, verzichtete, sodass die Fürsten nun endgültig innerhalb ihrer Herrschaftsgebiete als **Landesherrn** weitgehend unabhängig regieren konnten.
- Zum anderen verengte sich der Kreis der adligen Königswähler immer mehr, bis die Wahl ein Vorrecht der sieben **Kurfürsten** wurde. Sie wurden **1356** in der „**Goldenen Bulle**" endgültig festgeschrieben: die Erzbischöfe von Mainz, Köln und Trier sowie der König von Böhmen, der Pfalzgraf bei Rhein, der Herzog von Sachsen und der Markgraf von Brandenburg. Sie stiegen enorm in Macht und Ansehen und wurden zu „heimlichen Herrschern" im Reich. Wer König werden wollte, musste die Kurfürsten durch Geld und Versprechungen für sich gewinnen. Dabei waren sie selbst nicht an einem starken Herrscher interessiert, der ihre Machtposition hätte gefährden können.

All dies führte dazu, dass im Lauf der Zeit das Heilige Römische Reich zu einem losen Verbund weitgehend selbstständiger Herrschaftsgebiete, sogenannten reichsunmittelbaren **Territorien**, wurde. Dabei bestand eine enorme Vielfalt – neben großen weltlichen Fürstentümern gab es geistliche Fürstentümer (z. B. Bistümer), die freien Reichsstädte und vor allem in Schwaben und Franken viele kleine Reichsritterschaften. Zusammen wurden diese Herrschaften als **Reichsstände** bezeichnet. Den Landesherren in Deutschland gelang es, ihre Rechte auszubauen und ihre Herrschaftsbereiche als einheitliche Staaten zu organisieren.

Dennoch war das Amt des Königs begehrt: Es wurde von den mächtigen Fürstenfamilien dazu genutzt, ihre **Hausmacht** zu vergrößern, also das Gebiet, das ihnen als Landesherren gehörte. Besonders erfolgreich waren dabei die **Habsburger**, die sich vor allem im Südosten des Reichs (ausgehend vom Herzogtum Österreich) ausbreiteten und die Niederlande, Spanien und Gebiete in Italien erwarben. Damit wurden sie zu einer der mächtigsten europäischen Adelsfamilien und stellten ab dem 15. Jahrhundert fast ununterbrochen die Könige/Kaiser.

Neue Staaten in Osteuropa

- Das **Osmanenreich:** Aus einem kleinen türkischen Fürstentum unter dem Herrscher Osman I. wurde um 1300 ein großer Staat, der bis ins 20. Jahrhundert Bestand hatte. Im Lauf von etwa 100 Jahren eroberten die Osmanen vor allem auf Kosten des Byzantinischen Reichs immer größere Gebiete, bis sie sich 1453 mit der **Einnahme der Hauptstadt Konstantinopel/Byzanz** endgültig an dessen Stelle setzten. Die Stadt wurde in Istanbul umbenannt. Weitere Eroberungen folgten: Die osmanischen Türken beherrschten den Balkan, Kleinasien, den Nahen Osten und Ägypten. 1529 standen sie sogar vor den Toren Wiens, mussten die Belagerung aber schließlich abbrechen.
- **Das russische Reich:** Ein erstes russisches Reich mit der Hauptstadt Kiew wurde im 13. Jahrhundert von den Mongolen erobert und Russland geriet in deren Abhängigkeit. Erst den Großfürsten von Moskau gelang es im 15. Jahrhundert, ihr Fürstentum zu vergrößern und schließlich die Oberhoheit der Mongolen abzuschütteln. Die neue Machtstellung spiegelte sich in der Annahme des **Zarentitels**.
- Der **Deutschordensstaat:** Der Deutsche Orden war ein Ritterorden, der während der Kreuzzüge gegründet worden war. Zu Beginn des 13. Jahrhunderts hatte der Orden den Auftrag bekommen, durch einen Kreuzzug das heidnische Volk der Pruzzen (Preußen), das im heutigen Nordostpolen lebte, zu bekehren. Im eroberten Gebiet bildete der Orden unter der Führung eines „Hochmeisters" einen eigenen mächtigen Staat mit der Hauptstadt Marienburg, den er durch weitere als Kreuzzüge getarnte Kriege ausweitete.
- **Polen-Litauen:** Schon um 1000 war Polen christlich und zu einem eigenen Königreich geworden. Durch die Heirat der polnischen Königstochter Jadwiga mit dem litauischen Großfürsten Jagiello 1386 entstand ein großes Reich und Litauen wurde als letzter Staat in Osteuropa christlich. Da der Deutsche Orden seine Angriffe gegen Litauen dennoch nicht einstellte, wurde ihm von Papst und König das Recht zum Kreuzzug entzogen. Polen-Litauen konnte den Deutschordensstaat im 15. Jahrhundert besiegen und wurde damit zur Großmacht.

2 Neue geistige und räumliche Horizonte

2.1 Pest und Klimawandel verändern die Welt und die Wirtschaft

Katastrophen

Im 14. Jahrhundert belasteten neben vielen Kriegen die Folgen einer **Klimaabkühlung** die europäische Bevölkerung. Durch diese „kleine Eiszeit" kam es zu wiederholten **Missernten** und **Hungersnöten**. Während dies aber für die Menschen kein völlig außergewöhnliches Ereignis darstellte, übertraf die **Pestepidemie** Mitte des Jahrhunderts alles bisher Dagewesene. Zwar war die Pest schon in der Antike immer wieder aufgetreten, seit dem frühen Mittelalter hatte es aber keine Epidemien mehr gegeben.

Der erneute Ausbruch der Seuche in Europa hatte seinen Ursprung wohl in Ostasien. Von dort waren die Krankheitserreger über die Handelswege in den 1340er-Jahren bis ans östliche Mittelmeer und an das Schwarze Meer gelangt. Von Seeleuten wurde die Pest dann **1347 in Italien** eingeschleppt. Neben hohem Fieber waren vor allem die „Beulen", die stark angeschwollenen und eitrigen Lymphknoten, ein Symptom der meist tödlich verlaufenden Krankheit. Aufgrund der dunklen Farbe des Körpers der Sterbenden wurde die Pest auch der **„Schwarze Tod"** genannt. Rasch griff die Seuche auch auf andere Länder über und bis 1350 hatte sie fast ganz Europa bis nach Island erfasst. Schätzungen zufolge waren ihr **etwa 25 Millionen** Menschen, also ein Drittel der Bevölkerung, zum **Opfer** gefallen. Einige Landstriche waren danach so gut wie menschenleer.

Direkte Folgen

Die Menschen standen dieser gewaltigen Katastrophe hilflos gegenüber. Aus der mittelalterlich geprägten Weltsicht war eine religiöse Deutung des Geschehens naheliegend. Ähnlich wie die biblische Sintflut wurde die Pest als **göttliches Strafgericht** gesehen. Viele Menschen versuchten, Gott durch Gebete, Pilgerzüge und Bußübungen bis hin zu Selbstgeißelungen der sogenannten Flagellanten wieder gnädig zu stimmen. Gleichzeitig kam es aber auch zu **Pogromen gegen die jüdische Bevölkerung** (s. II, 1.3), der man vorwarf, die Seuche durch die Vergiftung von Brunnen verursacht zu haben. Dort, wo die Pest wütete, kam es zum **Zerfall des Zusammenhalts** und der Kultur der Menschen. In der Angst vor Ansteckung schotteten sie sich voneinander ab und man fand oft nicht einmal mehr jemanden, der die Toten begrub.

Wirtschaftliche Folgen

Die Pest hatte in den **Städten** wegen des engen Kontakts der Menschen und der mangelhaften Hygiene zu anteilsmäßig wesentlich **höheren Bevölkerungsverlusten** als auf dem Land geführt. Dies hatte mittelfristig einschneidende Auswirkungen auf das wirtschaftliche Gefüge: Die Absatzmöglichkeiten landwirtschaftlicher Produkte auf den städtischen Märkten wurden aufgrund der gesunkenen Nachfrage immer schlechter und darum sanken die Preise für Nahrungsmittel. Die **Bauern verarmten** also. Dagegen hatten die Überlebenden in den Städten oft viel Geld und Besitz geerbt. Sie konnten sich mehr von Händlern importierte und von Handwerkern produzierte Waren leisten, wodurch diese städtischen Berufe höhere Einnahmen hatten. Manche investierten ihr Geld auch in neue Maschinen und Produktionstechniken, wodurch das städtische Gewerbe ebenfalls einen Aufschwung erlebte. Insgesamt **verbesserten sich** also **die Lebensverhältnisse der Bürger in den Städten**.

Der Frühkapitalismus

In dieser Phase trat neben die traditionelle Zunftwirtschaft eine neue Form des bürgerlichen Unternehmertums. Die sogenannten Frühkapitalisten strebten nach möglichst hohen Gewinnen, auch um den Preis der Ausschaltung der Konkurrenz. Das Musterbeispiel dafür ist die Familie der **Fugger** in Augsburg, die bis zum 16. Jahrhundert zu mehr Reichtum, Macht und Einfluss kam als die allermeisten Adligen.

Grundlage dieses rasanten Aufstiegs der ehemaligen Weberfamilie ab dem 14. Jahrhundert war der Schritt weg von der eigenen Produktion hin zum **Verlagssystem:** Die Fugger lieferten anderen Webern das Material und kauften ihnen anschließend die Stoffe ab, die sie selbst mit hohem Gewinn in ganz Europa vertrieben. Dadurch hatten sie bald weitreichende Handelskontakte, die sie auch für andere Waren nutzten. Das erworbene Kapital verwendeten sie für **Bankgeschäfte**, d. h. sie verliehen es gegen Zinsen. Zu ihren Schuldnern gehörten bald Fürsten, Kaiser und Päpste – was den Fuggern erheblichen Einfluss auf die Politik verschaffte.

2.2 Revolutionäre Erfindungen ermöglichen die Entdeckung und Eroberung der Welt

Militär

Eine Umwälzung in der Waffentechnik vollzog sich ab dem 15. Jahrhundert: Während im Mittelalter Hieb- und Stichwaffen sowie Bogen und Armbrust vorherrschend waren, breiteten sich nun verstärkt die neuen **Feuerwaffen** aus. Vor allem die Artillerie (Kanonen und andere Geschütze) setzte sich rasch durch, im Lauf der Zeit auch kleinere tragbare Schießgeräte wie Musketen und Gewehre. Damit boten zum einen Stadtmauern und befestigte Burgen keinen sicheren Schutz mehr – sie konnten mit der Artillerie „sturmreif" geschossen werden. Zum anderen waren die Rüstungen der Ritter nicht mehr sinnvoll, eher sogar hinderlich. Statt ihrer wurden zunehmend leichter bewaffnete und mobile Fußtruppen von Söldnern (**Landsknechte**) eingesetzt. Infolgedessen **verlor das Rittertum seine Bedeutung** und Macht völlig.

Seefahrt

Auf dem Gebiet der Seefahrt brachten technische Verbesserungen neue Möglichkeiten: Seit dem 13. Jahrhundert war der **Kompass** bekannt und im Zug seiner Weiterentwicklung und mithilfe anderer nautischer Geräte war die Navigation auch bei bedecktem Himmel, also wenn die Position der Sonne und der Sterne nicht feststellbar war, möglich. Im Bereich des Schiffsbaus war mit der **Karavelle** ein großer, schneller und leicht manövrierbarer Bootstyp entwickelt worden, der für lange Fahrten und höheren Seegang gut gerüstet war.

Aber auch die **Veränderung des Weltbilds** eröffnete neue Perspektiven: In Anknüpfung an die Gelehrten der Antike stellte man die mittelalterliche Vorstellung von der Erde als Scheibe infrage und wandte sich wieder dem **Kugelmodell** zu. Damit waren auch Fahrten von Europa nach Westen denkbar.

Entdeckungsreisen

Auf der Basis dieser Überlegung entwickelte der aus Genua stammende Seefahrer **Christoph Kolumbus** einen Plan, wie man über einen Seeweg nach Westen Indien erreichen konnte, das damals als Herkunftsland teurer Gewürze eine wichtige Rolle spielte. Durch eine Handelsroute über den Ozean hätte man den schwierigen und teuren Zwischenhandel über die Araber und Türken nicht mehr benötigt und die hohen

Gewinne selbst einstreichen können. Eine Expedition mit drei Schiffen, für deren Finanzierung Kolumbus das spanische Königspaar gewinnen konnte, überquerte **1492** den Atlantik und landete auf den Inseln der Karibik, die Kolumbus aber für Ostasien hielt. Damit war der Beweis erbracht, dass im Westen nicht das Ende der Welt lag. Inzwischen ist aber sicher, dass Kolumbus nicht der europäische „Entdecker" Amerikas war. Schon um das Jahr 1000 waren Wikinger in Nordamerika gelandet, hatten sich dort aber nicht dauerhaft niedergelassen.

In der Folgezeit wurden von Europa aus eine Reihe weiterer Expeditionen unternommen. Während Amerigo Vespucci 1497 ebenfalls das Land im Westen erreicht hatte (nach ihm wurde der neue Kontinent später Amerika benannt), entdeckte der Portugiese **Vasco da Gama** im selben Jahr den tatsächlichen Seeweg nach Indien um die Südspitze Afrikas herum. Den endgültigen Beleg sowohl für die Kugelgestalt der Erde als auch für den Irrtum Kolumbus' bezüglich seines Expeditionsziels lieferte **Magellan**, ein Portugiese in spanischen Diensten. Seinen Schiffen gelang 1519–1522 – trotz des zwischenzeitlichen Tods Magellans – die erste **Weltumseglung**. In den folgenden Jahrhunderten wurde von Europa aus nach und nach die gesamte Erde erkundet.

Eroberungen und Ausbeutung

Der neu entdeckte amerikanische Kontinent war nicht menschenleer. Vor allem die **Azteken** im heutigen Mexiko sowie die **Inkas** im westlichen Südamerika waren hoch entwickelte Kulturen. Das Aztekenreich wurde vom spanischen Eroberer **Hernán Cortés** 1521 besiegt und das Inkareich durch **Francisco Pizarro** 1532. Beide profitierten dabei trotz zahlenmäßiger Unterlegenheit von der Wirkung der neuen Feuerwaffen sowie von der Uneinigkeit der einheimischen Bevölkerung. Damit begann die Zeit der **Kolonisation** und **rücksichtslosen Ausbeutung** Amerikas. An die Stelle der Missionierung, die ohnehin meist als Vorwand gedient hatte, trat immer deutlicher die Gier nach Reichtum als Hauptmotiv der Kolonialpolitik: Die indigene Bevölkerung wurde brutal als **Zwangsarbeiter** auf neu gegründeten großen Plantagen für Tabak, Kaffee oder Zuckerrohr und in Bergwerken (Gold, Silber) ausgebeutet. Die schlechten Lebens- und Arbeitsbedingungen und eingeschleppte Krankheiten führten zu einem dramatischen **Bevölkerungsrückgang** bei der indigenen Bevölkerung, sodass die Kolonisten dazu übergingen, **Sklaven aus Afrika** für die schwere Arbeit nach Amerika bringen zu lassen.

2.3 Renaissance und Humanismus als Vorläufer der Aufklärung und des Rationalismus

Etwa um 1500 setzt man den Übergang vom Mittelalter in die Neuzeit an. Dies wird mit den dargestellten Veränderungen in Wirtschaft und Geografie sowie mit dem **„neuen Denken"** begründet. Seit dieser Zeit prägen Vernunft und Kritik zunehmend unsere Welt. Dabei knüpften die Gelehrten in der beginnenden Neuzeit sowohl an das Erbe der Antike als auch an viele Gedanken an, die bereits im Mittelalter entwickelt worden waren.

Renaissance – Die Wiedergeburt der Antike
Diese Übergangsepoche wird mit dem Begriff **„Renaissance"** (frz.: Wiedergeburt) bezeichnet. Ab dem 14. Jahrhundert gab es in Italien ein wachsendes Interesse an der **antiken Kultur**, das dann in den beiden folgenden Jahrhunderten auf ganz Europa übergriff. Die Flucht vieler griechischer Gelehrter aus Byzanz nach der Eroberung durch die Osmanen 1453 brachte zusätzliche Impulse. Zwar war die griechisch-römische Antike auch im Mittelalter bekannt, galt aber im Vergleich zur christlichen Kultur als untergeordnet. So hatte z. B. Literatur, die vom Gedankengut her nicht als Vorläufer des Christentums interpretiert werden konnte, kaum Beachtung gefunden.

Bedeutungsverlust des Christentums
Mit der beginnenden Neuzeit verlor das Christentum seine alles beherrschende und erklärende Stellung. Im Denken des Mittelalters war die Weltordnung als von Gott gewollt und als unverrückbar betrachtet worden. Das irdische Leben stellte für viele Menschen in erster Linie eine Prüfung für das Leben im Jenseits dar. Die Auseinandersetzung mit der nicht christlichen Antike und neue Entdeckungen sprengten dieses Weltbild, der Horizont der Menschen erweiterte sich und man setzte sich **zunehmend kritisch** mit der traditionellen Sichtweise auseinander. Lange Zeit feststehende Ansichten wurden nun hinterfragt.

Humanismus
Das Interesse wandte sich nicht völlig vom Göttlichen ab, konzentrierte sich aber nun auch verstärkt auf den Menschen. Man bezeichnet die Gelehrten dieser Zeit auch als **Humanisten** (von lat. *humanitas*: Menschlichkeit). Für die Humanisten war das Studium der antiken Spra-

chen, Literatur und Kunst der Schlüssel zu einem neuen und vertieften Verständnis des menschlichen Wesens. Dabei wurden im Mittelalter eher verpönte menschliche Eigenschaften wie Selbstbewusstsein und Streben nach Freiheit, Erfolg und Glück nun als Tugenden gesehen.

Zur raschen Ausbreitung dieses Menschenbilds – sowohl über die Literatur der Antike als auch über die Schriften der Humanisten – trug die **Erfindung des Buchdrucks** mit beweglichen Lettern durch **Johannes Gutenberg** um die Mitte des 15. Jahrhunderts wesentlich bei.

Kunst …

Vor allem in Malerei, Bildhauerei und Architektur vollzog sich ein umfassender Aufbruch: Während in der romanischen und gotischen Kunst des Mittelalters die (religiöse) Aussage im Mittelpunkt stand, ging es nun um eine möglichst **wirklichkeitsgetreue Abbildung der Natur**.

In der Malerei wurde durch die Entwicklung der **Zentralperspektive** zum ersten Mal eine überzeugende Wiedergabe des dreidimensionalen Raums möglich. Auf Gemälden und als Skulpturen wurden verstärkt **individuelle Menschen** dargestellt, im Bereich der Bildhauerei in Anlehnung an antike Vorbilder zum ersten Mal sogar wieder nackt. In der Architektur wurden Bauelemente aus der Antike wie **Säulen und Kuppeln** verwendet.

Nach wie vor war die Kirche ein wichtiger Geldgeber und viele Kunstwerke befassten sich weiterhin mit religiösen Themen. Am stärksten prägte die Renaissance **Rom**: Der Bau des Petersdoms und die Ausstattung vieler anderer Kirchen waren Arbeiten im Auftrag von Päpsten. Aber auch reiche Bürger und Adlige wurden nun zu Förderern der Kunst, z. B. in **Florenz**.

… und Künstler

Während im Mittelalter die Künstler meist anonym blieben und eher als Handwerker angesehen wurden, traten sie nun verstärkt als schöpferische Personen hervor. Die meisten beschränkten sich dabei auch nicht auf eine Sparte, sondern waren als **„universale Künstler“** sowohl in der bildenden Kunst als auch in der Architektur tätig. Außerdem gab es einen fließenden Übergang zwischen Kunst und Wissenschaft: Um ihre Objekte möglichst wirklichkeitsnah darstellen zu können, waren viele Künstler gleichzeitig Naturforscher. Für die Architektur waren mathematische Berechnungen nötig. Unter den vielen berühmten Künstlern dieser Zeit ragten **Leonardo da Vinci** und **Michelangelo** in Italien sowie **Albrecht Dürer** in Deutschland heraus.

2.4 Reformation und Bauernkrieg

Situation der Kirche

Während des Mittelalters war die Position der Kirche unangefochten. Das lag an der Unterstützung durch die Herrscher, aber auch an der Fähigkeit, sich trotz immer wieder auftretender Missstände selbst zu reformieren. Bisher war es gelungen, die Kritiker entweder in die Kirche zu integrieren oder sie als Ketzer zu beseitigen.

Obwohl die Menschen von einer tiefen Religiosität geprägt waren, häuften sich in Spätmittelalter und Renaissance die Probleme: Die einfachen Priester waren oft arm, schlecht ausgebildet und konnten kaum Latein – die Sprache, in der sie damals die Gottesdienste halten mussten und in der die Bibel verfasst war. Die höheren Geistlichen bis hin zum Papst waren meist Adlige, die in ihren Ämtern vor allem nach Macht und Reichtum strebten. Die Humanisten dagegen stellten zum ersten Mal eine Bewegung von Gelehrten dar, die nicht in erster Linie aus der Kirche kamen und die durch ihre Beschäftigung mit der lateinischen und griechischen Sprache sogar Fehler beim bisherigen Verständnis von Bibelstellen nachweisen konnten. Sowohl von Humanisten als auch von manchen Gläubigen wurde immer mehr **Kritik** an den Zuständen in der Kirche geübt. Besonders die Praxis der **Simonie** (Verkauf bzw. Kauf geistlicher Ämter) und des **Ablasshandels** (Erlass von Sündenstrafen im Jenseits gegen Bezahlung) wurde angeprangert. Aufgrund des hohen Geldbedarfs der Päpste und Bischöfe hielten diese aber daran fest.

Martin Luther

Die Situation spitzte sich zu, als der deutsche Augustinermönch **Martin Luther** am 31. Oktober 1517 in Wittenberg **„95 Thesen gegen den Ablasshandel“** veröffentlichte. In dieser Schrift, die durch den Buchdruck rasche Verbreitung fand, stellte er dar, dass für die Vergebung der Sünden die Reue wichtiger sei als das Geld und der Ablasshandel deshalb falsch sei. Damit griff er den Papst direkt an. In Rom wurde daraufhin ein **Ketzerprozess** gegen Luther eingeleitet mit dem Ziel, ihn einzuschüchtern. Dies misslang aber und Luther verstärkte seine Kritik: Seiner Aussage nach konnte jeder Gläubige aus der Bibel selbst die Wahrheit erkennen und von Gott direkt Vergebung erlangen – was die gesamte **Rolle der Kirche infrage stellte**. Daraufhin wurde Luther vom Papst gebannt. Normalerweise bedeutete dies, dass er auch vom Kaiser geächtet, d. h. für vogelfrei erklärt, wurde. Einige Luther wohlgesonnene Fürsten setzten aber durch, dass er 1521 zu einer Anhörung vor den Reichstag in Worms geladen wurde. Nachdem er auch dort seine Kritik nicht widerrief, wurde die **Reichsacht** über ihn verhängt. Sein Landesherr, der Kurfürst von Sachsen, beschützte ihn aber, indem er ihn auf der **Wartburg** bei Eisenach versteckte.

Die Zeit dort nutzte Luther, indem er mit der **Übersetzung der Bibel ins Deutsche** begann; zuerst das Neue Testament und bis 1532 auch die Schriften des Alten Testaments. Damit legte er zum einen die Grundlage dafür, dass die Menschen nun selbst Zugang zur Heiligen Schrift hatten und nicht auf die Vermittlung der Glaubenslehre durch die Kirche angewiesen waren. Zum anderen schuf er damit unbeabsichtigt die **Grundlagen der hochdeutschen Sprache:** Bis dahin hatte es nur Texte in den jeweiligen Mundarten gegeben; nun entwickelte sich, orientiert an der sich rasch verbreitenden Lutherbibel, eine einheitliche deutsche Hochsprache.

Der Bauernkrieg

Die Gedanken und Taten Luthers waren auf fruchtbaren Boden gefallen. Viele Menschen begannen nun, selbst die Bibel zu lesen und sie in ihrem Sinn zu interpretieren. Auch die Standhaftigkeit, mit der sich Luther mit den „Oberen“ angelegt hatte, imponierte vielen.

Vor allem die **Bauern**, die zu dieser Zeit von ihren Herren immer mehr unter Druck gesetzt und denen **immer mehr Rechte entzogen** wurden, fanden nun eine Rechtfertigung für ihren Protest gegen die Adligen. Sie versammelten sich vor allem in Südwestdeutschland, Tirol und Sachsen/Thüringen in bewaffneten „Haufen“, um ihren Forderungen Nachdruck zu verleihen. Die schwäbischen Bauern fassten ihre Bestrebungen im Manifest der **„12 Artikel“** zusammen: Neben einer Wiederherstellung der alten Rechtsordnungen forderten sie u. a. die **Aufhebung der Leibeigenschaft** und die **Abschaffung der Frondienste**. Begründet wurden die einzelnen Artikel jeweils mit der Bibel.

Martin Luther äußerte sich verständnisvoll und forderte die Herren zu Verhandlungen mit den Bauern auf. Als diese sich aber immer länger hinzogen und keine Verbesserungen greifbar wurden, schlug der Widerstand der Bauern – angefacht von radikalen Predigern wie **Thomas Müntzer** in Thüringen – in Gewalt um (1524/25). Klöster und Schlösser wurden gebrandschatzt und Adlige getötet. Daraufhin distanzierte sich Luther von den Bauern und unterstützte nun die Fürsten bei ihrem brutalen Gegenschlag: Binnen weniger Wochen machte ein Heer von

Landsknechten die unorganisierten und militärisch unerfahrenen Bauernhaufen nieder. Weit **über 100 000 Bauern wurden getötet**, die Anführer gefoltert und hingerichtet. Damit waren die Bauern als Machtfaktor ausgeschaltet und **verloren jeglichen politischen Einfluss**.

Die Reformation

Eine weitere Folge des Bauernkriegs war das Bündnis Luthers mit vielen Landesfürsten. Um Entwicklungen wie bei den Bauernaufständen zu vermeiden, arbeitete er bei seinem weiteren Vorgehen mit der weltlichen Obrigkeit zusammen. Gemeinsam wurde die neue Lehre im „**Augsburger Bekenntnis**“ von **1530** dargelegt. In den Territorien, deren Fürsten Luther unterstützten, wurde nun die **Reformation** durchgeführt: Der Besitz der katholischen Kirche wurde eingezogen und deren Aufgaben an die neuen protestantischen Landeskirchen übertragen; die Leitung wurde von dem jeweiligen Landesherrn übernommen.

Diese Möglichkeit, sich neuen Besitz und neue Macht zu verschaffen, war wohl neben religiösen Gründen auch ein Motiv für die hohe Reformbereitschaft vieler Fürsten. Im **Augsburger Religionsfrieden 1555** wurde die evangelisch-lutherische Kirche in Deutschland anerkannt und die Regel festgelegt, dass der Fürst das Bekenntnis (die **Konfession**) seiner Untertanen einheitlich bestimmen dürfe. D. h., dass alle Menschen, die in einem Fürstentum lebten, entweder katholisch oder protestantisch waren. Wer den vom Fürsten bestimmten Glauben nicht annehmen wollte, musste das Gebiet verlassen.

Die Reformation wurde nicht überall nach den Regeln und der Lehre Luthers durchgeführt. In Teilen Norddeutschlands, der Schweiz, den Niederlanden und Frankreich fasste die **reformierte Kirche** Fuß. Sie orientierte sich an den Schweizer Theologen **Zwingli** und **Calvin** und vertrat eine strengere Glaubenslehre als Luther.

Die katholische Reform

Angesichts dieser Entwicklungen musste die katholische Kirche reagieren. Das **Konzil von Trient** Mitte des 16. Jahrhunderts zielte auf eine Reform der katholischen Kirche ab, indem die Konzilsväter die katholische Glaubenslehre in Abgrenzung zum Protestantismus neu bestimmten und innerkirchliche Reformen anstießen. Eine wichtige Rolle beim Versuch, wieder Boden zurückzugewinnen, spielte der neu gegründete Orden der **Jesuiten**, der vor allem in Erziehung und Bildung Einfluss gewann. Trotz erheblicher Erfolge bei der **Gegenreformation** blieb die abendländische Christenheit in mehrere **Konfessionen** gespalten.

2.5 Der Dreißigjährige Krieg

Zwischen **1618 und 1648** fand eine Reihe von Feldzügen und Kriegen statt, die unter dem Begriff „**Dreißigjähriger Krieg**" zusammengefasst werden. Diese Auseinandersetzung hatte vor allem für den Hauptkriegsschauplatz Deutschland verheerende Folgen.

Die Vorgeschichte

Der Augsburger Religionsfrieden erwies sich nicht als dauerhaft stabil. Vor allem die katholischen Kaiser aus der Familie der **Habsburger** versuchten mit der Gegenreformation, den Protestantismus wieder zurückzudrängen und bei dieser Gelegenheit auch das Kräfteverhältnis zwischen den Landesfürsten und dem Kaiser im Heiligen Römischen Reich zu ihren Gunsten zu verschieben. Bei der Rekatholisierung wurden die Habsburger vom bayerischen Herzog Maximilian I. unterstützt. Streitigkeiten in diesem Zusammenhang führten Anfang des 17. Jahrhunderts zur Gründung zweier feindlicher konfessioneller Bündnisse in Deutschland, der **protestantischen Union** und der **katholischen Liga**.

Der Böhmisch-Pfälzische Krieg

Obwohl den Protestanten in Böhmen von ihren habsburgischen Herrschern Religionsfreiheit versprochen worden war, versuchte der neue habsburgische Kaiser und böhmische König **Ferdinand**, die Gegenreformation durchzusetzen. 1618 warfen darum die böhmischen Adligen bei einer Versammlung in der Prager Burg die Abgesandten des Kaisers aus dem Fenster („**Prager Fenstersturz**") und wählten den protestantischen Kurfürsten Friedrich von der Pfalz, Führer der Union, zu ihrem neuen König. Im Auftrag des Kaisers und der Liga besiegte daraufhin ein bayerisches Heer unter **Graf Tilly** die Protestanten in Böhmen und besetzte die Pfalz, sodass Friedrich fliehen musste. Den pfälzischen Herrschern wurden die **Kurfürstenwürde** und die Oberpfalz genommen. Beides wurde 1623 zur Belohnung **an Maximilian I. von Bayern** übergeben. Die siegreiche Liga leitete umfangreiche Maßnahmen zur Rekatholisierung in Norddeutschland ein.

Der Niedersächsisch-Dänische Krieg

Die norddeutschen protestantischen Fürsten suchten daraufhin Verbündete. Auf ihr Hilfegesuch hin griff 1625 der dänisch-norwegische **König Christian IV.** ein. Er konnte mit seinem Heer ohne großen Widerstand bis nach Sachsen vordringen, wurde dann aber von zwei katholischen Heeren bekämpft: Neben die Ligatruppen unter Tilly war eine Söldnerarmee unter dem neuen kaiserlichen Feldherrn **Wallenstein**, einem katholischen böhmischen Adligen, getreten. Die dänischen Truppen wurden geschlagen und rasch zurückgedrängt, wobei Wallenstein fast ganz Norddeutschland erobern konnte. Er bekam vom Kaiser große Ländereien, u. a. das Herzogtum Mecklenburg, verliehen. Gleichzeitig wurde 1629 das kaiserliche **Restitutionsedikt** erlassen, das die Wiederherstellung vieler geistlicher Fürstentümer in Norddeutschland bzw. deren Überführung in habsburgischen Besitz anordnete.

Diese Machtausweitung des Kaisers und Wallensteins wurde nun aber auch den katholischen Reichsfürsten zu viel. Gemeinsam mit ihren protestantischen Standesgenossen verweigerten sie die Durchführung des Edikts und zwangen Kaiser Ferdinand zur **Entlassung Wallensteins**.

Der Schwedische Krieg

Nachdem die norddeutschen Fürsten ihn wiederholt um Hilfe gebeten hatten und auch Frankreich, das zwar katholisch, aber Rivale der Habsburger war, finanzielle Unterstützung zugesagt hatte, schaltete sich 1630 der protestantische Schwedenkönig **Gustav Adolf** ein. Er schlug die katholischen Heere, wobei Tilly fiel, und konnte bis nach Bayern vordringen. 1632 besetzten die Schweden Augsburg und München. Daraufhin wurde Wallenstein als Feldherr wiedereingesetzt. Im selben Jahr fiel Gustav Adolf, was aber auch keine endgültige Entscheidung des Kriegs brachte. Wallenstein wurde 1634 vom Kaiser geächtet und von seinen Offizieren ermordet, da er auf eigene Faust mit den Schweden verhandelte. Nachdem es den kaiserlichen Truppen gelungen war, die Schweden aus Süddeutschland zu vertreiben, kam es 1635 zu einem **Friedensvertrag des Kaisers** mit fast allen Reichsfürsten, der die Auflösung aller Bündnisse und die Bildung einer gemeinsamen Armee unter kaiserlicher Führung, die Entfernung ausländischer Truppen aus Deutschland und die Aufhebung des Restitutionsedikts vorsah.

Der Schwedisch-Französische Krieg

Nun griff allerdings **Frankreich**, das schon länger im Hintergrund Politik gegen die Habsburger betrieben hatte, aufseiten der Schweden in den Krieg ein, um den mit dem Friedensvertrag verbundenen Machtgewinn der Habsburger zu verhindern. Die französischen und schwedischen Truppen konnten eine Reihe von Siegen verbuchen und verwüsteten weite Landstriche Deutschlands.

Der Westfälische Frieden

Ab 1645 hatten die Kriegsparteien Friedensgespräche begonnen, die **1648** in den **Westfälischen Frieden** mündeten. Hier wurden folgende Regelungen getroffen:

- Gebiete im Heiligen Römischen Reich für Frankreich und Schweden
- Gebietsgewinne für Bayern, Sachsen und Brandenburg
- Ausscheiden der Niederlande und der Schweiz aus dem Heiligen Römischen Reich
- Konfessionsverteilung nach dem Stand von 1624 (Kompromiss)
- mehr Selbstständigkeit für die Reichsfürsten

Der große **Verlierer** des Westfälischen Friedens war also der **habsburgische Kaiser**.

Grundkonflikte des Dreißigjährigen Kriegs

Katholiken ◄——► **Protestanten**
(Liga, Kaiser) (Union, Dänemark, Schweden)
Streitpunkt: Konfessionsverteilung in Deutschland

Kaiser ◄——► **deutsche Reichsfürsten**
Streitpunkt: Machtverteilung in Deutschland

Habsburger ◄——► **Frankreich**
Streitpunkt: Machtverteilung in Europa

Fazit

Für die Bevölkerung war der Krieg verheerend. Nicht nur die Kriegszüge selbst, sondern auch die immer weiter nachlassende Disziplin der Truppen belasteten vor allem die Bauern schwer: So verpflegten sich die Söldner vor allem durch **Plünderungen** und zeigten bei den Übergriffen auf die Zivilbevölkerung eine wachsende Grausamkeit. **Mord**, **Folter und Vergewaltigungen** waren an der Tagesordnung. Auch Seuchen wie die **Pest** breiteten sich im Chaos der Kriege aus. In Deutschland ging die **Bevölkerungszahl** in den dreißig Kriegsjahren **um über ein Drittel zurück** und es dauerte etwa hundert Jahre, bis wieder der Vorkriegsstand erreicht war. Auch die Rückkehr zur Normalität und zum friedlichen Umgang der Menschen miteinander dauerte längere Zeit.

3 Absolutismus und Aufklärung

3.1 Absolutismus in Frankreich

Die Frage nach der Machtverteilung zwischen der Zentralgewalt (König/Kaiser) und regionalen Instanzen (Adlige, Städte usw.) prägte die europäische Geschichte seit dem frühen Mittelalter. Selten wurde sie so eindeutig zugunsten der Zentralgewalt beantwortet wie unter **Ludwig XIV.** im französischen Absolutismus.

Prinzip der Selbstregierung

1643 wurde Ludwig im Alter von fünf Jahren zum König; die Regierung übertrug seine Mutter dem leitenden Minister, Kardinal **Mazarin**. Schon unter dessen Vorgänger, Kardinal **Richelieu**, war die Zentralmacht systematisch immer stärker ausgebaut worden, sodass es 1648–1653 zum **Adelsaufstand der Fronde** kam. Nur unter großen Mühen konnte die Rebellion niedergeschlagen werden. Diese frühe Erfahrung verstärkte die harte Haltung Ludwigs gegenüber den Machtansprüchen des Adels.

Nach dem Tod Mazarins 1661 übernahm Ludwig selbst die Regierungsgeschäfte, was für die damalige Zeit eher ungewöhnlich war. Er behielt sich die Kontrolle sämtlicher Verwaltungsvorgänge vor und alle Minister waren ihm zu Rechenschaft verpflichtet. Sein Wille war der Maßstab, an dem sich von nun an alle Staatsdiener zu orientieren hatten. Dies schlug sich in dem Leitsatz Ludwigs **„L'état, ç'est moi"** (frz.: „Der Staat bin ich") nieder.

Verwaltung

Ein Problem bei der Ausführung der zentralen Entscheidungen vor Ort waren immer wieder die regionalen Machthaber gewesen. Diese Adligen strebten in erster Linie den Ausbau der eigenen Herrschaft an und führten darum Anordnungen des Königs nicht aus oder interpretierten sie so, dass sie ihren eigenen Interessen nützten. Aus diesen Gründen ging Ludwig XIV. dazu über, eine Verwaltung aus **Beamten**, meist aus dem bürgerlichen Stand, einzusetzen, die treu und zuverlässig die königlichen Weisungen ausführte. Eine Schlüsselstellung kam dabei den **Intendanten** zu, die Verwaltung, Steuereintreibung und Justiz einer Provinz kontrollierten. Auch in der Zentralverwaltung am Königshof stiegen immer mehr bürgerliche Beamte zu Beratern und Ministern auf.

Militär

Der Absolutismus benötigte zur Sicherung der Königsherrschaft nach innen sowie zur Ausdehnung der Macht nach außen ein starkes Militär. Darum wurde die unzuverlässige und langwierige Praxis der Aushebung von Truppen nach Bedarf, die dann von Generälen gegen Bezahlung dem Herrscher (oder wem auch sonst) zur Verfügung gestellt wurden, abgeschafft. An ihre Stelle trat ein **stehendes Heer**, d. h. gut ausgebildete und ausgerüstete **Berufssoldaten**, die jederzeit verfügbar und schnell einsatzbereit waren. Die Offiziere wurden vom König ernannt und waren ihm zu absolutem Gehorsam verpflichtet.

Selbstdarstellung des Monarchen und Rolle des Adels

Ein Teil der traditionellen Aufgaben des Adels war mit der neuen Verwaltung weggefallen. Ludwig glich diesen Verlust dadurch aus, dass er den Adligen eine **Rolle am königlichen Hof** zuwies. Er brachte die meisten Grafen, Herzöge usw. dazu, ihre regionalen Herrschaftsgebiete zu verlassen und in das neue Zentrum, das **Schloss Versailles**, zu kommen. Diese prunkvolle Anlage und das Leben dort dienten einzig und allein der Repräsentation der königlichen Macht. Sowohl architektonisch als auch im **Hofzeremoniell** stand die Person des Königs im Mittelpunkt. Sein Schlafzimmer stellte den zentralen Raum des Schlosses dar und an seinem Tagesablauf hatten sich alle anderen zu orientieren. Dabei gab es ein ausgeklügeltes System von Gunstbezeugungen durch den König, das den sozialen Rang eines Höflings bestimmte. Dadurch und durch die königlichen Geldzuwendungen, ohne die das teure Luxusleben in Versailles fast nicht finanzierbar war, waren die Adligen endgültig in **Abhängigkeit vom Herrscher** geraten.

Das Symbol, das die Herrschaft Ludwigs darstellte, war die Sonne (darum auch die Bezeichnung „**Sonnenkönig**"). Wie der König stand sie über allem anderen und ohne sie wäre kein Leben möglich.

Theoretische Legitimation des Absolutismus

Der Begriff „Absolutismus" stammt aus dem 19. Jahrhundert und leitet sich von „*ab-solutus*" (lat.: losgelöst) ab. Damit ist die **Freiheit des Herrschers von den Gesetzen** gemeint. Die Grundlage dafür ist die Theorie des **Gottesgnadentums**, die besagt, dass der Herrscher von Gott in sein Amt eingesetzt worden sei und darum nur diesem Rechenschaft schuldig sei. Deshalb stehen der König und sein Wille über allen anderen Menschen und eine Auflehnung gegen seine Herrschaft ist gleichzusetzen mit einer Auflehnung gegen den Willen Gottes.

Das Herrschaftssystem des Absolutismus

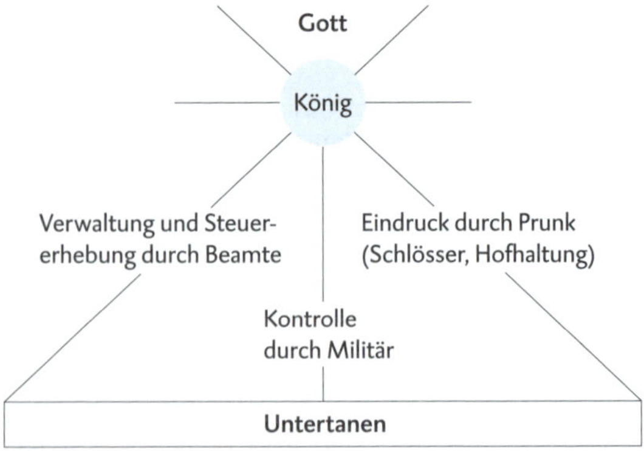

Grenzen des Absolutismus

- Dieses Gottesgnadentum bedeutete – zumindest von der Theorie her – keinen Freibrief für Tyrannei. Durch die starke Bindung des Herrschers an Gott gehörte es zumindest theoretisch zum Selbstverständnis, sich nach den **Geboten des Christentums** zu richten, auch wenn Verstöße auf Erden nicht geahndet wurden.
- Die Bauten, das Hofleben, das stehende Heer und die Beamtenschaft kosteten sehr viel Geld. Darum bedeutete absolutistische Herrschaft eine ständige finanzielle Gratwanderung. **Colbert**, der mächtige Finanzminister Ludwigs XIV., wies den König wiederholt auf die Unfinanzierbarkeit mancher Vorhaben hin. Durch das staatlich gelenkte Wirtschaftssystem des **Merkantilismus** (Einfuhr von billigen Rohstoffen aus Kolonien, Herstellung von Fertigwaren in fabrikähnlichen Manufakturen und Export der teuren Produkte ins Ausland) versuchte man, die französische Wirtschaft und damit die Steuereinnahmen anzukurbeln. Letztlich blieb aber meist doch nur eine erneute Schuldenaufnahme oder Steuererhöhung übrig, sodass die Bevölkerung verarmte und die **Staatsverschuldung** ständig stieg.

3.2 Absolutismus in deutschen Kleinstaaten und seine Repräsentation im Barock

Situation in Deutschland

Anders als in Frankreich war die Macht in Deutschland nicht in den Händen einer Zentralgewalt konzentriert, sondern die Fürsten der einzelnen deutschen Länder übten jeweils die Herrschaft als Landesherr aus. Da ihre Territorien wesentlich kleiner waren, hatten sie weniger Geld zur Verfügung, was sie aber nicht davon abhielt, **Ludwig XIV. als** ihrem **Vorbild** nachzueifern. Sie bemühten sich mit unterschiedlichem Erfolg, die Mitspracherechte ihres lokalen Adels (der Landstände) zurückzudrängen, und bauten Schlösser im Stil von Versailles, an denen ähnlich luxuriöse Hoffeste gefeiert wurden. Auch die Mode und sogar die Sprache übernahm man: An deutschen Fürstenhöfen wurde im späten 17. und im 18. Jahrhundert vorwiegend Französisch gesprochen.

Allerdings gab es unter den deutschen Fürsten große Unterschiede – die Schwerpunktsetzung in der absolutistischen Politik war stark von der Herrscherpersönlichkeit abhängig.

Das Beispiel Bayern

Bereits Maximilian I. regierte weitgehend absolutistisch. Sein Sohn **Ferdinand Maria** drängte die Mitbestimmung der Landstände weiter zurück, holte aber Fachleute als Berater an seinen Hof. Nach den Verwüstungen des Dreißigjährigen Kriegs schaffte er es, Bayern aus den kriegerischen Verwicklungen herauszuhalten. Eine sparsame Finanzwirtschaft trug dazu bei, dass sich Bayern erholen konnte. Das Problem des Absolutismus, nämlich die vollständige Abhängigkeit vom Charakter des Fürsten, zeigte sich, als 1680 sein Sohn **Max Emanuel** die Regierung übernahm. Von starkem Ehrgeiz getrieben, engagierte er sich in der großen Politik und errang als Feldherr in habsburgischen Diensten wichtige Siege. Nachdem sich sein Wunsch nach der Königskrone aber nicht erfüllte, schloss er sich bei der nächsten Auseinandersetzung, dem Spanischen Erbfolgekrieg, seinem Vorbild Ludwig XIV. an. Daraufhin wurde Bayern **von österreichischen Truppen besetzt und ausgebeutet** und Max Emanuel musste fliehen. Erst nach mehreren Jahren konnte er nach Bayern zurückkehren. Trotz der Verarmung der Bevölkerung gönnte er sich eine **luxuriöse Hofhaltung** und trieb gleichzeitig ehrgeizige **Schlossbauprojekte** voran, sodass Bayern bei seinem Tod 1726 so gut wie ruiniert war.

Das Beispiel Brandenburg-Preußen

Die Kurfürsten von Brandenburg-Preußen hatten im 17. Jahrhundert ihr **Territorium stark vergrößert** und nahmen 1701 den Titel des preußischen Königs an. 1713 trat **Friedrich Wilhelm I.** die Regierung an. Als eine der ersten Maßnahmen ließ er die unter seinem Vater stark angewachsenen Ausgaben für die Hofhaltung massiv kürzen und verkaufte angesammelte Luxusgüter. Er selbst trug in der Regel einfache Kleidung, meist Soldatenkluft, weshalb er als **„Soldatenkönig"** in die Geschichte einging. Trotz dieser äußerlichen Gegensätze übernahm auch er viele Elemente der Politik Ludwigs XIV.: Zum einen trieb er den Ausbau der Verwaltung voran, wobei die **Pflichterfüllung der preußischen Beamten** bald sprichwörtlich wurde. Zum anderen galt sein besonderes Augenmerk dem Militär: Friedrich Wilhelm baute ein **großes stehendes Heer** auf und richtete Wirtschaft und Verwaltung des Landes auf den Unterhalt und die Organisation dieses Heeres aus. Damit schuf er die Grundlagen des weiteren **Aufstiegs von Brandenburg-Preußen zur Großmacht**.

Der Barock

Die Kunstrichtung, die sich im 17. Jahrhundert ausprägte, war der Barock. In der Verwendung von Kuppeln, Säulen etc. griff er Elemente der Renaissance auf, entwickelte sich aber in der Konzentration auf die **Wirkung des Raums und Lichtes** und auf die Verwendung von Farben bzw. Gold und Marmor sowie anderem Schmuck weiter.

Ausgehend von Italien breitete sich die neue Kunst vor allem in den katholischen Ländern aus. Im Zug der Gegenreformation wurden zum einen viele Kirchen um- oder neu gebaut, zum anderen versuchten gerade die geistlichen Fürsten aufgrund fehlender Möglichkeiten zur Machtpolitik ihre Position durch die **großzügige Förderung der Kunst** zu stärken. In den Schlossanlagen der mächtigeren Fürsten entfaltete sich der Barock endgültig zu einem **Prachtstil**. Gegen Mitte des 18. Jahrhunderts entwickelte sich der Barock dann weiter zum **Rokoko**, indem sich kleinere, verspieltere und noch stärker verzierte Formen durchsetzten.

Gleichzeitig mit der Lebensfreude, die sich in der Pracht des Barock widerspiegelte, prägte aber auch das Bewusstsein des jedem Menschen bevorstehenden Todes („Memento mori") diese Zeit.

3.3 Menschen- und Weltbild der Aufklärung und deren Folgen für Staatslehren

Was ist Aufklärung?

Als Aufklärung bezeichnet man eine Epoche der Geistesgeschichte, v. a. im 18. Jahrhundert, in der man sich von einer Weltsicht abkehrte, die stark von Traditionen und von mythisch-religiöser Sichtweise geprägt war. An ihre Stelle trat die Suche nach Erkenntnis durch **kritisch-rationales Denken**. Die Aufklärung knüpfte dabei an Denkweisen an, die schon seit der Renaissance und dem Humanismus vorhanden waren.

Die Frage „Was ist Aufklärung?" beantwortete der deutsche Philosoph Immanuel Kant folgendermaßen: „Aufklärung ist der **Ausgang des Menschen aus seiner selbst verschuldeten Unmündigkeit**." Die Konsequenz daraus lautete: „*Sapere aude* – **Habe Mut dich deines eigenen Verstandes zu bedienen.**" Die Menschen sollten sich also das Denken und die Bewertung von Sachverhalten nicht länger von Autoritäten wie z. B. der Kirche abnehmen lassen. Denn erst durch eigenständiges Denken wird der Mensch zum mündigen **Individuum**. Um den Menschen aber aus der bisherigen Unmündigkeit zu befreien, musste sich nach Auffassung der Aufklärer viel ändern.

Weltbild

Die Bedeutung der **Naturwissenschaft** nahm in der Aufklärung zu. Statt wie bisher die Welt, die Natur und ihre Phänomene auf der Basis der Bibel und anderer anerkannter Schriften zu erklären, setzte man nun verstärkt auf **Beobachtung und Experimente**, aus denen man logische Schlussfolgerungen zog. In diesem Zusammenhang wurden ab dem 17. Jahrhundert viele neue Erkenntnisse gewonnen, die sich aufgrund ihrer Beweiskraft auch meist schnell durchsetzten. Obwohl damit vor allem die Kirche in Bedrängnis geriet, die lange Zeit eine Art Monopol auf die Welterklärung hatte, waren die Vertreter der Aufklärung selten Atheisten. Die vorherrschende Ansicht war der **Deismus**, der davon ausging, dass Gott die Welt zwar geschaffen habe, in ihren Lauf aber nicht mehr eingreife.

Mit naturwissenschaftlichen Methoden hatten schon Nikolaus Kopernikus, Galileo Galilei und Johannes Kepler das geozentrische durch das **heliozentrische Weltbild** ersetzt. Obwohl der Papst diese neue Lehre verbot, weil sie der Bibel widersprach und die Kirche um ihre Autorität bangte, forschten Wissenschaftler weiter.

Menschenbild

Aus den Grundgedanken der Aufklärung ergaben sich verschiedene Forderungen:

- **Bildungsgedanke:** Um den Menschen in die Lage zu versetzen, selbstständig zu denken und zu urteilen, war eine entsprechende Bildung notwendig. Darum plädierten viele Aufklärer für die **allgemeine Schulpflicht**, die in einzelnen deutschen Staaten auch bereits im 18. Jahrhundert eingeführt wurde. Um 1770 konnten noch weniger als 15 % der Menschen lesen und schreiben.
- **Toleranz:** Da die Aufklärer oft angefeindet wurden, kannten sie das Problem der Intoleranz aus eigener Erfahrung. Als eine der wesentlichen Voraussetzungen für die Entwicklung eines freien und selbstständigen Denkens wurde darum Toleranz anderen Meinungen gegenüber gefordert. Auch von staatlicher Seite verlangte man zum Beispiel **Rede- und Pressefreiheit**. Aus dieser Grundhaltung heraus forderte der preußische König Friedrich II., dass „jeder nach seiner Fasson selig werden" sollte.
- **Gleichberechtigung:** Nachdem für den Wert eines Menschen nicht mehr der Stand oder andere Äußerlichkeiten als entscheidend angesehen wurden, erhoben sich in der Aufklärung auch zunehmend Forderungen nach Gleichberechtigung. Da viele Aufklärer aus dem bürgerlichen Stand waren, wurden die **Vorrechte des Adels und des Klerus** besonders heftig **kritisiert**. Aber auch immer mehr Stimmen für die **Bauernbefreiung** wurden laut sowie erste Forderungen nach einer Gleichberechtigung von Männern und Frauen.
- **Nützlichkeitsdenken:** Gerade im Gegensatz zur Prachtentfaltung von Barock und Rokoko wurde die Nützlichkeit als Prinzip in den Vordergrund gestellt. Nur was sich als vernünftig und für die Menschen von Nutzen erwies, galt als richtig.

Staatslehren

Die neuen Sichtweisen wirkten sich auch auf die Vorstellungen vom richtigen Staat aus:

- **aufgeklärter Absolutismus:** Verschiedene Herrscher, z. B. Friedrich II. von Preußen oder Joseph II. von Österreich, praktizierten das Modell des aufgeklärten Absolutismus. Hier behielt zwar der Fürst alle Fäden in der Hand, sah sich aber als **„erster Diener des Staats"** und betrieb eine **Reformpolitik**, die auf der Basis von Vernunft und wissenschaftlichen Erkenntnissen dem Volk zugutekommen sollte. Der radikalste Vertreter war **Joseph II.** von Österreich. Seine wichtigsten Reformen waren die Aufhebung der Leibeigenschaft, die Toleranz gegenüber anderen Religionsgemeinschaften, die Aufhebung der Adelsvorrechte, die Abschaffung der Folter und die Einschränkung der Todesstrafe. Sein Reformeifer stieß allerdings bei Teilen der Bevölkerung auf Widerstand und einige Maßnahmen mussten wieder zurückgenommen werden. Die Toleranzgesetze und die Bauernbefreiung allerdings blieben bestehen.

- **Rechtsstaat:** Damit der Fürst nicht nach seiner Willkür herrschen konnte, wurde die Erstellung und Einhaltung verbindlicher Rechtsordnungen gefordert. Oberste Rechtsordnung war die **Verfassung**, d. h. ein Grundgesetz, in dem die „Spielregeln“ des Staats und die Rechte der Bürger klar definiert und schriftlich festgehalten waren.
- **Gewaltenteilung:** Dieser Grundsatz war von dem englischen Philosophen **John Locke** und dem französischen Denker **Charles de Montesquieu** entwickelt worden. Um Machtmissbrauch zu verhindern, müsse die Staatsgewalt auf **drei** voneinander **unabhängige Gewalten** verteilt werden.
  Die drei Gewalten sollten sich **gegenseitig kontrollieren** und somit die bürgerlichen Rechte vor staatlicher Willkür geschützt werden.

Exekutive (vollziehende Gewalt)	**Legislative** (gesetzgebende Gewalt)	**Judikative** (richterliche Gewalt)
Regierung, Polizei, Verwaltung, Militär	Parlamente	Gerichte

- **Volkssouveränität:** Ebenfalls John Locke wandte sich gegen die traditionelle Rechtfertigung der Macht des Herrschers, wie sie z. B. das Gottesgnadentum vorsah. Vielmehr ging er davon aus, dass sich die Bürger einem Herrscher **freiwillig** und aus Einsicht in die Notwendigkeit einer ordnenden Staatsgewalt unterordneten. Dies bedeutete aber, dass sie ein **Widerstandsrecht** hatten, falls der Herrscher seine Macht missbrauchte. Führt man diesen Gedanken zu Ende, ergibt sich daraus die **Volkssouveränität**, d. h. das Recht des Volks, die Machthaber selbst zu bestimmen.

3.4 Die Umsetzung der Staatslehren in England und den Vereinigten Staaten von Amerika

Machtkämpfe in England

In England hatte sich seit dem 13. Jahrhundert das **Parlament als Gegengewicht zum König** entwickelt. Vor allem um das Recht der Abgeordneten zur **Steuerbewilligung** gab es immer wieder erbitterte Auseinandersetzungen. Dieser grundsätzliche Konflikt wurde zusätzlich seit der Reformation durch die **Frage der Konfession** verstärkt. König Heinrich VIII. hatte in der ersten Hälfte des 16. Jahrhunderts die **anglikanische Kirche** gegründet, die sich zwar in vielem noch an den Katholizismus anlehnte, aber den Papst nicht mehr als Oberhaupt akzeptierte. In der Folgezeit geriet der König sowohl vonseiten der Katholiken als auch der **Puritaner**, die eine strenge protestantische Glaubensauffassung vertraten, in Bedrängnis. Mitte des 17. Jahrhunderts kam es während eines Bürgerkriegs sogar zur Hinrichtung des amtierenden Königs und zu einer vorübergehenden puritanischen Militärdiktatur.

Die „Glorious Revolution“

Nach der Wiederherstellung des Königtums ging der **Machtkampf mit dem Parlament** weiter: Die Könige aus der Familie der Stuarts strebten eine absolutistische Herrschaft an, während das Parlament auf seinen Mitspracherechten bestand. Als mit **König Jakob II.** ein bekennender Katholik auf den Thron gelangte, der versuchte mit harter Hand zu regieren und England wieder zum Katholizismus zu führen, reagierte das Parlament: Die Abgeordneten boten **1688 Wilhelm von Oranien**, dem protestantischen Statthalter der Niederlande und Schwiegersohn Jakobs, den Thron an. Dieser erschien mit einem Heer in England, worauf Jakob die Flucht ergriff. Aufgrund des erfolgreichen und unblutigen Vorgehens sprach man von der „Glorious Revolution“.

Wilhelm wurde zum neuen König gewählt, musste aber in der **Bill of Rights 1689** dem Parlament weitreichende Rechte wie Steuerbewilligung, Gesetzgebung oder Meinungsfreiheit bestätigen. Dieses Handeln stand in direktem Zusammenhang mit den Gedanken John Lockes: Das Parlament hatte Widerstand gegen einen König ausgeübt, der seine Macht nach allgemeiner Einschätzung missbraucht hatte, und es gab nun eine Gewaltenteilung zwischen dem Parlament (Legislative) und dem König (Exekutive). Mit der Bill of Rights gab es in England auch eine Art Verfassung (Konstitution); die Staatsform bezeichnet man darum als **konstitutionelle Monarchie**.

Der Unabhängigkeitskampf der nordamerikanischen Kolonien

Seit dem 16. Jahrhundert hatte sich England zur stärksten Seemacht Europas entwickelt und im Zuge dessen ein großes **Kolonialreich** errichtet. Dabei hatte man sich z. B. in Nordamerika auch kriegerischer Mittel bedient: Teile des Kontinents waren zunächst von Frankreich besiedelt worden, wurden dann aber von den Briten erobert.

Mit der Zeit stieß bei den selbstbewussten nordamerikanischen Siedlern die **merkantilistische** (s. II, 3.1) **Politik Englands** auf immer mehr Ablehnung. Statt nur Rohstoffe nach England zu liefern, die dort weiterverarbeitet und mit hohem Gewinn weiterverkauft wurden, wollte man auf eigene Rechnung mit allen europäischen Staaten Handel treiben. Dazu kam Mitte des 18. Jahrhunderts der Versuch der Krone, **Steuern und Zölle** in den Kolonien zu erheben. Dies wurde von den Siedlern mit der Begründung abgelehnt, dass sie nicht im Parlament vertreten seien und nur eine eigene Vertretung Steuern beschließen könne („**No taxation without representation.**").

Trotz britischer Zugeständnisse eskalierte die Lage. 1773 warfen amerikanische Siedler aus Protest gegen den Teezoll die Ladung eines im Bostoner Hafen liegenden Teeschiffs ins Wasser („**Boston Tea Party**"). Das britische Mutterland wertete dies als Rebellion und ging mit harten Maßnahmen gegen die Siedler vor. Ab 1775 kam es zum **Unabhängigkeitskrieg**, bei dem amerikanische Milizen unter der Führung von **George Washington** gegen die britischen Soldaten kämpften. Kriegsentscheidend war die Unterstützung der Amerikaner durch andere europäische Mächte: Vor allem Frankreich und Spanien lieferten Geld und Kriegsmaterial und blockierten den britischen Nachschub. 1783 musste sich Großbritannien geschlagen geben.

Unabhängigkeitserklärung und amerikanische Verfassung

Schon am **4. Juli 1776** hatten die dreizehn Kolonien in einem gemeinsamen Beschluss ihre **Unabhängigkeit** erklärt. Darin argumentierten sie in Anlehnung an die Theorien John Lockes, dass der Staat die Aufgabe habe, die **Rechte der Menschen** (Leben, Freiheit und das Streben nach Glück) zu sichern, und dass das Volk eine Regierung, die dies nicht gewährleiste, abschaffen dürfe.

Die 13 Kolonien hatten sich 1781 zu einem losen Staatenbund zusammengeschlossen, aber erst nach langen Verhandlungen wurde 1787 die **Verfassung der Vereinigten Staaten von Amerika** beschlossen. Diese Verfassung beinhaltete zum ersten Mal in der Geschichte eine weitreichende Umsetzung der aufgeklärten Staatstheorien:

- **Gewaltenteilung:** Der Präsident als Leiter der Exekutive, der Kongress als Legislative und der Oberste Gerichtshof als Spitze der Judikative sind jeweils voneinander unabhängig und kontrollieren sich in einem ausgeklügelten System gegenseitig („*checks and balances*"). Außerdem können durch das System des **Föderalismus** die einzelnen amerikanischen Staaten vieles eigenständig regeln.
- **Volkssouveränität:** Sowohl der Präsident als auch die Abgeordneten des Kongresses werden auf bestimmte Zeit gewählt. Allerdings beschränkte sich das **Wahlrecht** anfangs auf weiße männliche Amerikaner mit gewissem Besitz (nur ca. 10 % der Bevölkerung). Im Lauf der Zeit wurde es aber immer weiter ausgedehnt, bis 1964 alle Beschränkungen aufgehoben wurden.
- **Menschenrechte:** 1791 wurden die Rechte und Freiheiten der Bürger als Verfassungszusatz festgeschrieben. Dazu gehören Religions-, Rede-, Presse- und Versammlungsfreiheit sowie die Unverletzlichkeit der Person, der Wohnung und des Eigentums vor staatlichem Zugriff.

1789 wurde **George Washington** mit großer Mehrheit zum **ersten Präsidenten der Vereinigten Staaten** gewählt.

Vom Zeitalter der Revolutionen bis zur Weimarer Republik

Mit der **Französischen Revolution** begann ein neues Zeitalter der europäischen Geschichte und der Weltgeschichte. Aus Untertanen wurden Bürger, die um ihre Rechte und um Mitsprache bei politischen Entscheidungen kämpften. Die herrschenden Monarchen versuchten dies durch Verfolgung und Unterdrückung der **Freiheitsbewegungen** zu verhindern. Daneben bedeutete die Französische Revolution auch die Geburt des Nationalismus. Nicht mehr die Herrscherdynastie, die verschiedene Gebiete zu einem Staat vereint, ist die Grundlage moderner Staaten, sondern die Nation. Unter einer Nation versteht man ein Volk, das sich durch gemeinsame Sprache, Kultur und Geschichte definiert. Insbesondere Deutschland und Italien, die beide in zahlreiche Kleinstaaten zersplittert waren, strebten im 19. Jahrhundert nach nationaler Einheit. Andere Völker wie z. B. Polen und Griechenland kämpften gegen die Unterdrückung durch Fremdherrschaft und für nationale Selbstbestimmung. Staaten wie Österreich-Ungarn, das Gebiete verschiedenster Völker zu einem Staat unter der Herrschaft der habsburgischen Dynastie vereinte, sollten bald der Vergangenheit angehören.

Durch die **Industrielle Revolution** veränderte sich zudem die wirtschaftliche und soziale Struktur der Gesellschaft sowie das gesamte Alltagsleben der Menschen vollkommen. Der Erste Weltkrieg brachte dann das endgültige Ende vieler überkommener und veralteter Strukturen. Revolutionen stürzten die Monarchien im Deutschen Reich, in Österreich-Ungarn und Russland und neue Nationalstaaten entstanden. Das Zeitalter der Moderne hatte begonnen.

Dennoch war Europa nach dem **Ersten Weltkrieg** weit von einer stabilen Ordnung entfernt. Die Menschen hatten Schwierigkeiten, sich mit dem Wandel der Verhältnisse abzufinden. Die Wunden des mit großen Verlusten geführten Kriegs, wirtschaftliche Krisen und Unerfahrenheit mit der noch jungen Demokratie setzten vielen Staaten zu. So scheiterte die **Weimarer Republik** in Deutschland nach nicht einmal 15 Jahren und musste dem aufkommenden Nationalsozialismus weichen.

1 Europa und Deutschland im Zeitalter der Revolutionen

1.1 Die Französische Revolution

Durch die Französische Revolution wurden Volk und einzelner Bürger erstmals in der Geschichte zu wichtigen Größen in der Politik.

Ursachen
Der französische Staat befand sich am Vorabend der Revolution bereits in einer langwährenden und tiefen Krise:

- **Verarmung und Hungersnot** aufgrund des rasanten Bevölkerungswachstums, sinkender Kaufkraft der Arbeiterschaft, hoher Steuerlast und Vernichtung der Ernten durch große Jagdleidenschaft des Adels
- **ungerechte Verteilung von Besitz- und Abgabenlast:** Der dritte Stand, also Bürger und Bauern, stellte zwar ca. 98 % der Bevölkerung, hatte jedoch am Grundbesitz nur einen Anteil von ca. 25 %. Trotzdem trug der dritte Stand fast die gesamte Steuerlast, da Kirche und Adel weitgehend von Steuerzahlungen befreit blieben.
- **drohender Staatsbankrott** durch Zinsbelastungen, Verschwendungssucht des Adels und hohe Ausgaben für das Militär
- Im **Absolutismus** lag die politische Macht fast ausschließlich beim königlichen Hof und dem dort ansässigen Adel. Weder die breite Bevölkerungsmasse der Bauern und Arbeiter noch das aufstrebende und wirtschaftlich erfolgreiche Bürgertum hatten nennenswerten Einfluss auf die politische Entwicklung. Dieser Zustand widersprach den populären Ideen der Aufklärung und stieß zunehmend auf Kritik.

Um die Probleme zu lösen, berief der schwache König **Ludwig XVI.** 1789 erstmals seit 175 Jahren die Gesamtversammlung aller Stände, also der Vertreter von Klerus, Adel und Bürgertum nach Versailles ein.

Entwicklung zur konstitutionellen Monarchie
Nach Auseinandersetzungen entwickelte sich in der Versammlung eine revolutionäre Stimmung: Sie erklärte sich zur Nationalversammlung mit dem Ziel, eine Verfassung für eine konstitutionelle Monarchie zu erarbeiten (**Ballhausschwur**). Ludwig XVI. sah sich gezwungen nachzugeben,

zumal es überall in Frankreich, vor allem in Paris, zu Aufständen gegen die bestehende Ordnung kam. Am bekanntesten ist der **Sturm auf die Bastille vom 14. Juli**.

Beschlüsse der Nationalversammlung

Die Nationalversammlung fasste weitgehende Beschlüsse, die das **Ende des Absolutismus** bedeuteten:

- Abschaffung der Adelsprivilegien und des Kirchenzinses
- Erklärung der Menschen- und Bürgerrechte
- Entmachtung der Kirche durch Enteignung, Treueeid der Priester auf den Staat und Auflösung von Klöstern und Orden
- Verabschiedung einer Verfassung mit Wahlen und Gewaltenteilung

Die erste Republik

In der Nationalversammlung bildeten sich verschiedene Parteien. Dabei gewannen die Anhänger einer Republik, die die Monarchie abschaffen wollten, zunehmend an Einfluss. Durch eine gescheiterte Flucht ins Ausland 1791 verspielte der König zudem den Rest seiner Glaubwürdigkeit. Als auch noch bekannt wurde, dass er in Kontakt zu Preußen und Österreich stand, die durch einen gemeinsamen **Feldzug gegen Frankreich** die Revolution niederschlagen und den König wieder in seine alte Stellung bringen wollten, war sein Ende besiegelt. Es kam zu erneuten Aufständen in den Straßen von Paris, zur **Verhaftung des Königs** und zu seiner Absetzung: Frankreich erklärte sich zur Republik. Der Prozess gegen Ludwig XVI. endete mit dessen **Hinrichtung am** 21. Januar 1793.

Die Jakobinerherrschaft

Der Krieg führte zur Machtübernahme der radikalsten Partei, des Jakobinerklubs. Unter Leitung des „Wohlfahrtsausschusses" unter **Robespierre** wurden die innenpolitischen Gegner, egal ob Monarchisten oder gemäßigte Republikaner, blutig ausgeschaltet und Aufstände brutal niedergeschlagen. Zwischen März 1793 und August 1794 wurden 16 500 Todesurteile allein in Paris durch die Guillotine vollstreckt, bis schließlich die **Terrorherrschaft** des Robespierre zusammenbrach und er mit 21 Anhängern ohne Verhandlung im Auftrag des Parlaments geköpft wurde. In den folgenden Monaten schwand der Einfluss radikaler Kräfte, die Jakobinerklubs wurden geschlossen und das Revolutionstribunal aufgelöst. Die Revolution gelangte zurück in die Hände des Bürgertums. 1795 wurde die **Direktorialverfassung** verabschiedet, die durch Zensuswahlrecht die Dominanz des Großbürgertums sicherstellte.

1.2 Napoleon verändert Europa

Aufstieg Napoleons

Napoleon wurde wahrscheinlich 1769 als Sohn eines italienischen Rechtsanwalts auf **Korsika** geboren und absolvierte, mit einem königlichen Stipendium ausgestattet, erfolgreich die Militärschule in Paris. Bereits mit 24 Jahren war er **General**, mit 26 Oberbefehlshaber der französischen Armee in Oberitalien. Nachdem er dort militärisch triumphiert hatte und bei seiner Rückkehr von einem abenteuerlichen Feldzug in Ägypten begeistert von der französischen Bevölkerung gefeiert worden war, putschte er sich im November 1799 mithilfe eines **Staatsstreichs** an die Macht. Er setzte das herrschende Direktorium ab und ließ eine neue Verfassung ausarbeiten.

Herrschaftssystem Napoleons

Als erster von drei Konsuln bildete er nach dieser neuen Verfassung die Spitze der Exekutive. Bereits nach drei Jahren ließ er sich 1802 zum **Konsul auf Lebenszeit**, 1804 schließlich durch eine Volksabstimmung zum **Kaiser der Franzosen** wählen. Damit war die Monarchie wieder eingeführt. Seine Herrschaft stützte sich vor allem auf seine militärischen Erfolge, die ihm die bedingungslose **Loyalität der Armee** einbrachten. Im Inneren setzte er auf eine geschickte Propagandapolitik, die seine Beliebtheit im Volk sicherte, und die **Unterdrückung jeder Opposition**, eine strenge Zensur der Zeitungen und die Bespitzelung der Bürger ließen keine Kritik am Kaiser zu.

Innenpolitische Maßnahmen

Napoleon ordnete die durch die Wirren der Revolution tief gespaltene Gesellschaft mithilfe weitreichender **Reformen**. Er selbst bezeichnete sich als Vollender und Überwinder der Revolution, da er durch die Reformen einige der zentralen Anliegen der Revolution, wie etwa Abschaffung der Privilegien und Rechtsgleichheit, auf Dauer durchsetzen konnte. Die wichtigsten Maßnahmen sind im Einzelnen:

- **Verwaltungsreform** mit einer klaren Ausrichtung auf die Machtzentrale in Paris (Zentralisierung) und eine hierarchische Struktur der Beamtenschaft mit Napoleon an der Spitze
- Justizreform mit dem **Code Civil** als moderner Rechtssammlung, die bis heute in vielen Staaten Grundlage des bürgerlichen Rechts ist

- Ausgleich mit der Kirche, die zu einer von Rom relativ unabhängigen französischen **Staatskirche** umgeformt wurde

Außenpolitische Neuordnung Europas

Den Rückhalt für seine innenpolitischen Reformen sicherte sich Napoleon in erster Linie durch seine außenpolitischen Erfolge, die auf seinen **militärischen Siegen** basierten. Als Erstes beendete er die Bedrohung Frankreichs durch hauptsächlich von Preußen und Österreich getragene Koalitionen. Dabei konnte er an bereits während der Revolutionszeit erzielte Erfolge der französischen Armee anknüpfen. Schließlich gelang es ihm, in einer fast ununterbrochen anhaltenden Abfolge von Feldzügen und Kriegen weite Teile Europas militärisch zu unterwerfen, politisch unter seine Kontrolle zu bringen und wirtschaftlich auszubeuten. Ergebnis dieser Erfolge waren u. a. die Ausdehnung des französischen Staatsgebiets zulasten der Nachbarstaaten und die Schaffung neuer, von Napoleon abhängiger **Satellitenstaaten**. Um sich deren Loyalität zu sichern, stellte er an deren Spitze entweder nahe Verwandte oder treue Gefolgsleute aus dem Militär.

Schließlich scheiterte Napoleon jedoch an seinen beiden Hauptgegnern Großbritannien und Russland, die sich trotz größter Anstrengungen nicht in die Knie zwingen ließen. Das Vereinigte Königreich trotzte der mit drakonischen Maßnahmen durchgesetzten **Kontinentalsperre**, die das britische Weltreich wirtschaftlich in den Ruin treiben sollte. Den endgültigen Niedergang leitete schließlich der gescheiterte Versuch Napoleons ein, 1812 **Russland** zu besiegen. In den Weiten Russlands erlebte er aufgrund von Nachschubschwierigkeiten und extremer klimatischer Verhältnisse eine katastrophale Niederlage, von der er sich nicht mehr erholen konnte. Immer mehr Staaten Europas lösten sich aus der Dominanz Frankreichs und reihten sich in die Front seiner Gegner ein. Schließlich musste Napoleon 1814 – militärisch besiegt – abdanken und sich auf die kleine **Insel Elba** zurückziehen, die ihm als Fürstentum überlassen worden war. Von dort aus startete er nochmals den Versuch, die verlorene imperiale Stellung zurückzugewinnen, scheiterte jedoch in der Schlacht von **Waterloo** 1815 endgültig. Die Sieger verbannten ihn auf die weit im Atlantik liegende Insel **Sankt Helena**, wo er 1821 verstarb.

1.3 Neuordnung Deutschlands durch Napoleon

Die Napoleonischen Kriege ließen in ganz Europa veraltete Strukturen zusammenbrechen und brachten vor allem im deutschsprachigen Raum tiefgreifende Veränderungen der Landkarte mit sich.

Das Ende des „Alten Reichs"

Deutschland war bis zum Beginn des 19. Jahrhunderts in zahllose zum Teil kleinste Staaten **zersplittert**, die gemeinsam das Heilige Römische Reich deutscher Nation bildeten. An dessen Spitze stand der deutsche Kaiser, der von den sieben Kurfürsten gewählt wurde, jedoch ohne allzu großen Einfluss auf die Entscheidungen der einzelnen, beinahe selbstständigen Fürsten und Könige blieb. Durch die Napoleonischen Kriege spalteten sich die deutschen Einzelstaaten in zwei Lager: Auf der einen Seite standen Preußen und Österreich, die sich Napoleons Herrschaftsanspruch über Europa widersetzten. Auf der anderen Seite schlossen sich die mittleren Mächte wie etwa Bayern mit Frankreich zusammen. Als die mit Napoleon verbündeten Staaten den **Rheinbund** gründeten und von Napoleon Entschädigungen für an Frankreich abgetretene Gebiete links des Rheins versprochen bekamen, gab Kaiser Franz II. 1806 die Krone zurück und nannte sich fortan Kaiser Franz I. von Österreich. Das etwa 900 Jahre alte deutsche Kaiserreich hatte aufgehört zu existieren. Vorher setzte Napoleon jedoch mit dem sogenannten **Reichsdeputationshauptschluss von 1803** eine weitgehende „Flurbereinigung" unter den deutschen Kleinstaaten durch. Die geistlichen Fürstentümer (Fürstbistümer und Reichsabteien) wurden aufgelöst (**Säkularisation**) und Klein- und Kleinststaaten wie Rittertümer und Grafschaften sowie freie Reichsstädte aufgelöst und in größere Staaten integriert (**Mediatisierung**). Besonders profitierten selbstverständlich Napoleons Verbündete wie Bayern von dieser Neuordnung Deutschlands.

Reformen in Preußen

Nachdem Preußen 1806/07 eine **katastrophale militärische Niederlage** gegen Napoleon hinnehmen musste und weite Teile seines bisherigen Staatsgebiets westlich der Elbe verlor, war der preußischen Führung klar geworden, dass nur noch radikale Reformen das Überleben des Staats sichern konnten. Unter den **liberalen und aufgeklärten Politikern** vom Stein, Hardenberg und Humboldt wurden die teilweise noch mittelalterlichen Strukturen Preußens tiefgreifend modernisiert:

- **Bauernbefreiung:** Abschaffung der Leibeigenschaft, aber weiterhin hohe Belastungen für die oft überschuldeten Kleinbauern
- **Gewerbefreiheit:** Aufhebung des Zunftzwangs sorgt für wirtschaftliche Belebung
- **kommunale Selbstverwaltung** weckt Eigenverantwortung und Identifikation mit dem Staat
- **Bildungsreform:** Humanistische Bildung an Gymnasien und Universitäten, Gründung von Gewerbe- und Realschulen als Wegbereiter der Industrialisierung, Anhebung der Volksschulbildung
- **Militärreform:** Einführung der allgemeinen Wehrpflicht wie in Frankreich und Öffnung der Offizierslaufbahn auch für Bürgerliche machen aus dem Königsheer ein Volksheer

Durch diese radikalen und umstrittenen Reformen, die auch als **„Revolution von oben“** bezeichnet werden, wurde die Grundlage für das Wiedererstarken Preußens als führende Macht in Deutschland gelegt.

Das moderne Bayern entsteht

Durch das Bündnis mit Napoleon profitierte Bayern von der Neuordnung Deutschlands. Durch die Säkularisation fielen zahlreiche geistliche Besitzungen, wie die bedeutenden Fürstbistümer Würzburg und Bamberg sowie Reichsstädte wie Nürnberg und Augsburg, an Bayern. Das bayerische Staatsgebiet konnte etwa **verdoppelt** werden. Äußerlich sichtbar wurde der Bedeutungsgewinn Bayerns durch die Erhöhung vom Kurfürstentum zum **Königreich 1806**. Max I. Joseph wurde erster bayerischer König. Unter seinem ersten Minister **Graf Montgelas** entfaltete sich eine rege Reformtätigkeit. Zum einen sollte aus dem aus zig Einzelstaaten zusammengewürfelten Bayern ein **einheitliches Staatsgebilde** entstehen, zum anderen sollten auch hier aufgeklärte und liberale Reformen einen modernen Staat schaffen. So wurde 1808 bereits eine **Verfassung** verabschiedet. Damit war Bayern der erste Verfassungsstaat Deutschlands. Zudem wurde die **Verwaltung** neu geordnet und das Land in acht Kreise, die den heutigen Regierungsbezirken weitgehend entsprechen, eingeteilt. In den verschiedenen Territorien wurden einheitliche Gesetze und die **Schulpflicht** eingeführt. Durch Angleichung von Währung, Maßen und Gewichten entstand ein einheitlicher Wirtschaftsraum. Die Abschaffung der Leibeigenschaft sowie der Steuerprivilegien für Adel und Klerus sowie die **Religionstoleranz** gegenüber Protestanten und Juden bedeuteten wichtige Fortschritte im Rechtswesen.

1.4 Liberale und nationale Bewegungen während der Restaurationszeit

Nach Napoleons Niederlage in Russland erhoben sich immer mehr deutsche Staaten gegen die französische Fremdherrschaft. Dabei setzten die Monarchen auf den Freiheitswillen der Bevölkerung und das aufkommende Nationalbewusstsein. Viele Freiwillige zogen für ein freiheitliches, geeintes Deutschland gegen Napoleon in die sogenannten **Befreiungskriege**.

Enttäuschte Erwartungen

Nach dem Sieg über Frankreich enttäuschten die Beschlüsse des **Wiener Kongresses** 1815 jedoch die Erwartungen der Patrioten: Zum einen wurden die vorrevolutionären Machtverhältnisse, also Feudalismus und absolutistisch regierende Erbdynastien, wiederhergestellt (**Restauration**), zum anderen bedeutete der **Deutsche Bund**, ein lockeres Bündnis aus 35 Fürsten und vier freien Städten, alles andere als die Erfüllung nationaler und liberaler Wünsche.

Liberales Bürgertum und Studentenschaft bildeten das Rückgrat der liberalen und nationalen Bewegung, deren Forderungen nationale Einheit, Verfassung, Volksheer, politische Mitspracherechte und Presse- und Meinungsfreiheit umfassten. Die Staaten des Deutschen Bunds gingen jedoch unter dem Einfluss des österreichischen Staatskanzlers **Metternich** nicht auf diese Forderungen ein. Entgegen des vorherigen Versprechens verabschiedeten nur einige süddeutsche Staaten eine Verfassung. Auch die beiden größten Mitglieder des Deutschen Bunds, Österreich und Preußen, hielten sich nicht an das gegebene Wort. Statt die nationale und liberale Bewegung an den Staat heranzuführen, misstrauten die Regierungen ihrer Bevölkerung und setzten auf deren **Unterdrückung**.

Stationen des Konflikts

Dieser Konflikt zog sich über drei Jahrzehnte hin. Höhepunkte waren:

- **Das Wartburgfest 1817** war eine Demonstration einiger hundert Studenten aller deutschen Universitäten anlässlich des 300. Jahrestags der Reformation durch Luther und des vierten Jahrestags des Sieges Deutschlands über Napoleon in der Völkerschlacht von Leipzig. Nach dem Vorbild Luthers verbrannten die Studenten restaurative Schriften wie die Gründungsakte des Deutschen Bunds.

- **Karlsbader Beschlüsse 1819:** Nach der Ermordung des von den Studenten verschmähten konservativen Dramatikers von August von Kotzebue durch einen Burschenschafter im März 1819 drängte Metternich die anderen deutschen Staaten zu harten Gegenmaßnahmen. Im böhmischen Karlsbad einigte man sich auf ein **Überwachungs- und Zensursystem**, das ein Verbot der Burschenschaften sowie die Kontrolle der Universitäten und der ganzen Gesellschaft zum Ziel hatte. Auf der Grundlage dieser Beschlüsse waren alle Aktivitäten, die man als revolutionär oder demagogisch verdächtigte, der Verfolgung ausgesetzt.
- Nachdem in Frankreich im Juli 1830 eine Revolution erfolgreich war, erlebte die nationale und liberale Bewegung in ganz Europa einen erneuten Aufschwung. Unruhen erzwangen in einigen deutschen Staaten die Verabschiedung von Verfassungen. Im Mai 1832 versammelten sich über 20 000 Menschen zur Feier des **Hambacher Fests**. Auf dieser ersten politischen Massendemonstration in Deutschland forderten zahlreiche Redner nationale Einheit, Pressefreiheit und vereinzelt auch Demokratie. Radikale Studenten versuchten 1833 in Frankfurt am Main mit der Erstürmung der Hauptwache einen gewaltsamen Umsturz.
- Wie bereits 1819 reagierte der Deutsche Bund mit einer Verschärfung der politischen Überwachung. Eine Gruppe politisch und sozial engagierter Schriftsteller unter dem Namen „Junges Deutschland“ wurde verboten und ihre Vertreter (u. a. Heinrich Heine) ins Exil gezwungen. Prominentester Fall der sogenannten **Demagogenverfolgung** wurde die Entlassung der „Göttinger Sieben“ in Hannover 1837. Sieben Göttinger Professoren, unter ihnen die Brüder Grimm, erklärten sich weiter an den Eid auf die Verfassung gebunden, obwohl der neue Herrscher diese aufgehoben hatte. Daraufhin wurden sie wegen Ungehorsam aus dem Dienst entlassen und von der Opposition als Nationalhelden gefeiert.
- Eine erste **aggressive Wendung nach außen** erfuhr die nationale Bewegung durch die sogenannte Rheinkrise. Frankreichs Forderungen nach dem linken Rheinufer 1840 belebten die nationalen Gefühle in Deutschland. Der Rhein wurde in zahlreichen Liedern und Gedichten zum deutschen Symbol überhöht und sollte mit letzter Entschlossenheit gegen französische Forderungen verteidigt werden.

1.5 Die Revolution von 1848

Die Jahrzehnte der Auseinandersetzung zwischen der nationalliberalen Volksbewegung und der reaktionären Staatsgewalt werden auch als **Vormärz** bezeichnet. Dieser Name bezieht sich darauf, dass im März 1848 der Konflikt in eine Revolution mündete, die die davor liegenden Auseinandersetzungen als deren Vorspiel erscheinen lässt.

Ursachen der Revolution

Die Ursachen für die Revolution von 1848 lagen zum einen in dem seit langem schwelenden Konflikt um die **politischen Forderungen** nach Freiheit, politischer Mitwirkung und nationaler Einheit. Zudem kamen **soziale Gründe** hinzu. Missernten, eine Krise im Handwerk und eine daraus folgende zunehmende Verarmung unterer Schichten führte zu großer Unzufriedenheit der Bevölkerung mit den bestehenden Verhältnissen. Auslöser der Unruhen war erneut eine **Revolution in Frankreich**, die im Februar 1848 die Monarchie hinwegfegte.

Märzereignisse von 1848

Nach französischem Vorbild wagten in Wien Studenten den offenen Aufruhr und rissen das Volk mit. Nach **Straßenkämpfen** trat Staatskanzler Metternich zurück. Ein Bürgerausschuss übernahm die Regierung und der Kaiser versprach dem Volk eine Verfassung. Auch in Berlin verlangte eine Volksversammlung vom König den Abzug der Truppen aus der Stadt, Pressefreiheit, die Bewaffnung der Bürger sowie die Umwandlung des Deutschen Bunds in einen Einheitsstaat. Die **„Märzforderungen“**, die nun beinahe in jedem deutschen Staat erhoben wurden, umfassten zudem die Gewährung von Grundrechten, freie Wahlen, Verfassungen mit Parlamenten und die Volksbewaffnung. Obwohl der preußische König Friedrich Wilhelm IV. am 18. März den Forderungen der Bürger zustimmte, kam es zu Tumulten, in deren Verlauf königliche Soldaten Aufständische erschossen. In Straßenkämpfen setzten sich die Bürger durch und der König musste am nächsten Tag den **Abzug seiner Soldaten** verkünden sowie den gefallenen Revolutionären auf dem Schlossplatz die letzte Ehre erweisen.

Erste deutsche Nationalversammlung in der Paulskirche

Eingeschüchtert durch die Märzereignisse gaben in ganz Deutschland die Fürsten dem Volkswillen nach, ernannten **liberale Minister** und versprachen Reformen. Die Bauern wurden endgültig von Abgaben und Frondiensten befreit. **Freie Wahlen** für eine deutsche Nationalversammlung wurden abgehalten. Ziel dieser Nationalversammlung sollte eine **Verfassung für ein geeintes Deutsches Reich** sein. Im Mai 1848 trat das erste frei gewählte deutsche Parlament in der Frankfurter Paulskirche zusammen. Die Abgeordneten waren überwiegend angesehene Bürger, Beamte und Gebildete („Honoratioren-Parlament"). Bald formierten sich nach politischen Zielen Gruppierungen: Am radikalsten waren die Demokraten, die eine demokratische Republik mit sozialen Rechten für die Unterschichten forderten. Die Mehrheit bildeten die Liberalen, die gemäßigte Reformen anstrebten; sie wollten ein geeintes Deutschland mit einem Kaiser an der Spitze und einem Parlament als gewählter Volksvertretung. Schließlich waren auch Konservative vertreten, die relativ nah an der vorrevolutionären Ordnung bleiben wollten. Nach langen Debatten einigte man sich auf eine **konstitutionelle Monarchie**, in der die Minister dem Parlament verantwortlich sein sollten, und eine Reihe von Grundrechten, die den Bürgern politische Freiheit und Rechtsgleichheit garantieren sollten. Stark umstritten war auch die Frage, ob ein geeintes Deutsches Reich Österreich, das zahlreiche nicht deutsche Gebiete beinhaltete, einschließen (**großdeutsche Lösung**) oder ob Österreich ausgeschlossen bleiben sollte (**kleindeutsche Lösung**). Eine großdeutsche Lösung hätte bedeutet, dass es in diesem Deutschen Reich weiterhin zwei annähernd gleich starke Großmächte (Österreich und Preußen) geben würde, was bereits im Deutschen Bund häufig zu Lähmung und Stillstand geführt hatte. In einer kleindeutschen Lösung, die sich schließlich durchsetzen konnte, hätte Preußen alleine eine dominante Stellung eingenommen. Schließlich wählten die Abgeordneten den preußischen König Friedrich Wilhelm IV. zum deutschen Kaiser und trugen ihm die Krone an.

Scheitern der Revolution

Die **Ablehnung der Krone** durch Friedrich Wilhelm IV. markiert den Beginn des Niedergangs der Revolution. Die Nationalversammlung löste sich allmählich selbst auf. Ein „Rumpfparlament", das in Stuttgart weiterarbeiten wollte, wurde im Juni 1849 von **Soldaten der Fürsten verjagt**. In Sachsen, der Pfalz und Baden wurde im Mai 1849 noch einmal die Deutsche Republik ausgerufen, doch die Revolutionsarmee konnte den preußischen Truppen nicht standhalten. Auch in Österreich schlugen kaiserliche Soldaten die Aufstände in Ungarn und Oberitalien nieder. Die Opposition wurde unnachgiebig und hart unterdrückt. Den Revolutionären drohten Zuchthausstrafen und Erschießungen. Bis 1851 verließen über eine Million Menschen Deutschland.

Gründe für das Scheitern

Für das Scheitern der Revolution gibt es eine Reihe von Gründen, u. a.:

- Die liberale Mehrheit des Bürgertums wollte keine radikalen Veränderungen.
- Den Revolutionären fehlte es an einheitlichen Zielen und einer gemeinsamen Führung.
- Die Machtposition der Fürsten blieb unangetastet, da die Armeen weiter unter fürstlichem Befehl standen.

Der Deutsche Bund wurde in der Form von 1815 wiederhergestellt und die von der Frankfurter Nationalversammlung beschlossenen Grundrechte wieder aufgehoben. Es begann das **Jahrzehnt der Reaktion**.

Die Revolution von 1848 und ihr Scheitern

Märzereignisse
Rückzug der Monarchen

Gewährung politischer Rechte

- Verfassungen
- freie Wahlen
- Grundrechte
- Pressefreiheit
- liberale Regierungen

Wahl zur Nationalversammlung

Ziel: Verfassung für ein geeintes Deutschland
Ort: Paulskirche in Frankfurt/Main
Probleme:
- Zerstrittenheit der Abgeordneten
- Republik oder Monarchie?
- kleindeutsches oder großdeutsches Reich?

Scheitern nach Ablehnung der Kaiserkrone durch Friedrich Wilhelm IV. von Preußen

- Rücknahme der Zugeständnisse
- Erneuerung des Deutschen Bunds
- Verfolgung der Revolutionäre

2 Politik, Gesellschaft und Wirtschaft in Deutschland 1850 bis 1914

2.1 Die Industrialisierung

Die Industrialisierung setzte im 18. Jahrhundert in England ein und veränderte das Leben der Menschen grundlegend. Aus einer ländlich geprägten Agrargesellschaft wurde eine hoch differenzierte, moderne Industrie-, Dienstleistungs- und Informationsgesellschaft.

Ursachen und Bedingungsfaktoren
Die Industrielle Revolution ergab sich aus dem Zusammenwirken unterschiedlicher und einander beeinflussender Faktoren, die zur etwa gleichen Zeit auftraten:

- Die Bevölkerung wuchs aufgrund **verbesserter Hygiene** und **höherer Ernteerträge** im 19. Jahrhundert enorm; in Deutschland von etwa 25 Millionen auf über 50 Millionen Einwohner. Daraus folgte zum einen ein Überschuss an Arbeitskräften, zum anderen wuchs die Zahl der Verbraucher und damit der Absatzmarkt.
- In der Landwirtschaft kam es durch verbesserte Technik und Anbaumethoden zu einer deutlichen **Produktionssteigerung**. Dies war wiederum Grundlage für das Bevölkerungswachstum.
- Technische Neuerungen wie die Erfindung der **Dampfmaschine** durch James Watt ermöglichten die Verlagerung der Handarbeit auf die Maschine. Dadurch konnte in kürzerer Zeit mit weniger Aufwand wesentlich mehr produziert werden.
- Durch Aufklärung und Französische Revolution setzte ein **Mentalitätswandel** in der Bevölkerung ein: Fortschrittsgläubigkeit und Risikobereitschaft weckten unternehmerische Initiative und Erfindergeist.

Entwicklung in Deutschland
In Deutschland setzte die Industrialisierung relativ spät und langsam ein, was vor allem an der politischen und gesellschaftlichen **Rückständigkeit** lag, die erst Mitte des 19. Jahrhunderts langsam überwunden wurde.

Wichtige politische und gesellschaftliche **Reformen** in Preußen wie Gewerbefreiheit, Bauernbefreiung und Bildungsförderung ebneten aber bereits zu Beginn des 19. Jahrhunderts den Weg für die Industrialisierung auch in Deutschland. Der **Deutsche Zollverein** von 1834 überwand zumindest die Zollschranken innerhalb des in 39 Staaten zersplitterten Deutschlands und erleichterte damit den Transport von Waren durch das ganze Land. Durch **Auslandsaufenthalte** wurde auch technischer Sachverstand nach Deutschland geholt.

- Eine Schlüsselrolle spielte der Ausbau des **Eisenbahnnetzes**. 1835 fuhr die erste deutsche Eisenbahn von Nürnberg nach Fürth. Bis zur Mitte des Jahrhunderts wurde die Eisenbahn mit über 6 000 km Streckenlänge zum wichtigsten Verkehrsmittel für Massengüter. Der schnelle und billige Transport großer Mengen von Waren war nun möglich. Der durch den Eisenbahnbau ausgelöste ungeheure Bedarf an Eisen und Kohle sorgte für einen **Boom der Schwerindustrie** (Kohle- und Erzbergbau sowie Eisen- und Stahlverarbeitung). Dadurch wurde der Eisenbahnbau zu einem wichtigen Motor für die Industrialisierung; insbesondere in den Gebieten mit Kohlevorkommen (Ruhrgebiet und Oberschlesien) kam es zu einem rasanten Wachstum.
- In der zweiten Hälfte des 19. Jahrhunderts gelangen in Deutschland wichtige technische Neuerungen. **Siemens** und **Krupp** verbesserten die Stahlherstellung, der Benzinmotor wurde erfunden und die Elektro- sowie die Chemieindustrie wurden aufgebaut. Unterstützt wurde der technische Fortschritt durch einen **Ausbau des Bildungswesens**. Handels- und Gewerbeschulen sowie naturwissenschaftlich ausgerichtete Realgymnasien sollten das Bildungsniveau ebenso anheben wie die Gründung technischer Universitäten und Auslandsstudien.

Deutschland konnte seinen wirtschaftlichen Rückstand schnell aufholen und wurde Ende des 19. Jahrhunderts zu einer der **wirtschaftlich stärksten Mächte** Europas.

Auswirkungen auf das Leben

Die Industrialisierung bedeutete für viele Menschen eine tiefgehende Veränderung ihrer Lebensgewohnheiten; durch das Arbeiten in Fabriken wurde ihnen die Selbstbestimmung des Arbeitsprozesses genommen. Während ein Landwirt täglich andere Arbeiten nach seinem eigenen Rhythmus und Tempo und in eigener Planung verrichtete, war der abhängige Arbeiter in feste und **starr vorgeschriebene Regeln** und Abläufe eingebunden. Diese wurden streng kontrolliert und bei Verstößen hart bestraft. Durch die Bildung industrieller Zentren in den Städten setzte eine **Landflucht** ein. Neue Städte entstanden und alte wie München, Berlin oder Köln erfuhren ein rasantes Wachstum: Sie vervielfachten innerhalb kürzester Zeit ihre Bevölkerungszahl. Dies machte den Ausbau einer entsprechenden Infrastruktur für öffentlichen Verkehr, Kanalisation und Wohngebäude notwendig. Das schnell wachsende Eisenbahnnetz erhöhte die Mobilität der Menschen enorm. Ehemals schier unüberwindliche Distanzen schrumpften jetzt auch für Normalbürger auf eine Tagesreise zusammen. Ein Umweltbewusstsein war noch nicht vorhanden, die natürlichen Ressourcen wurden rücksichtslos ausgebeutet, die Kanalisation war noch unterentwickelt und die Trinkwasserversorgung häufig so schlecht, dass Epidemien wie Cholera sich ausbreiten konnten.

Die Industrialisierung erzeugte eine völlig neue Gesellschaftsschicht: die besitzlose und lohnabhängige Industriearbeiterschaft **(Proletariat)**. Ausgelöst durch Gewerbefreiheit, Bauernbefreiung und Bevölkerungsexplosion sammelten sich in den wachsenden Städten und industriellen Zentren große Massen an besitzlosen Arbeitsuchenden. Durch die hohe **Konkurrenz um Arbeitsplätze** gaben sie sich häufig mit schlechter Bezahlung zufrieden. Diese wurde zur Ursache für ihre oft unwürdigen Lebensumstände, die als **Soziale Frage** bezeichnet werden.

Industrielle Revolution und Soziale Frage

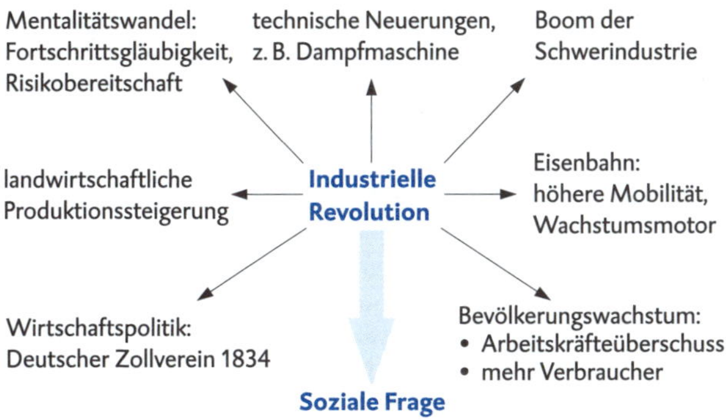

2.2 Soziale Frage und Sozialismus

Die soziale Lage der Arbeiter

Das neu entstandene Proletariat lebte oft unter unwürdigen Umständen, was als **Soziale Frage** bezeichnet wird. Ausgangspunkt der Missstände war der schlechte Verdienst aufgrund des Arbeitskräfteüberschusses. Daraus ergaben sich eine Reihe von Konsequenzen:

- **Wohnungselend:** Die Arbeiterfamilien lebten in schlecht gebauten, wenig durchlüfteten, feuchten und viel zu engen Mietskasernen. Dort mussten häufig vielköpfige Familien in ein oder zwei Räumen zusammengepfercht unterkommen. Die Küchen waren ebenso Wohn- wie Schlafraum, es stand bei Weitem nicht für jedes Familienmitglied ein eigenes Bett zur Verfügung.
- **Frauen- und Kinderarbeit:** Um den kargen Lohn zumindest etwas aufzubessern, mussten auch Frauen und Kinder in den Fabriken arbeiten. Sie wurden noch weit schlechter bezahlt als die Männer und oft für besonders gefährliche Tätigkeiten eingesetzt. Bereits Kinder unter zehn Jahren wurden zu schweren körperlichen Arbeiten gezwungen. Bildung und Gesundheit blieben dabei häufig auf der Strecke.
- **keine Absicherung gegen Risiken:** Arbeiter lebten ausschließlich von ihrem Arbeitslohn – verloren sie ihre Arbeit, wurden krank, erlitten einen Unfall oder waren alt und nicht mehr arbeitsfähig, fehlte ihnen jede soziale Absicherung. Keine Versicherung sorgte für ihren Lebensunterhalt. Sie waren auf Betteln und Mildtätigkeit angewiesen oder zur Kriminalität gezwungen.
- **schlechte Arbeitsbedingungen:** Die Arbeitsplätze waren wenig gegen Unfälle gesichert. Die Arbeitszeiten waren mit 60 bis 90 Wochenstunden extrem lang und die rechtliche Absicherung gegenüber dem Arbeitgeber so gut wie nicht gegeben. Arbeiter konnten mühelos entlassen und durch wartende Arbeitslose ersetzt werden.
- Das soziale Elend der Arbeiter führte bei vielen zu einem **sittlichen Verfall**. Um ihre Not zu betäuben, flüchteten viele in Alkoholismus; häufig wurden Frauen zur Prostitution gezwungen, um das für den Lebensunterhalt nötige Geld zu beschaffen; Kinder verwahrlosten, da niemand die Zeit und die Kraft fand, sich ausreichend um ihre Erziehung zu kümmern.

Reaktionen auf die Soziale Frage

Die verheerenden Missstände waren breiten Teilen der Bevölkerung und auch den Verantwortlichen durchaus bewusst. Aus unterschiedlichen Gründen dachte man über eine **Lösung der Sozialen Frage** nach: Die Besitzenden und Herrschenden fürchteten einen Aufstand der verelendeten Arbeiter, die Kirche und christlich denkende Menschen wollten aus Nächstenliebe das Los der Proletarier mildern. So kam es zu vereinzelten Hilfsprojekten wie Arbeitersiedlungen oder Krankenfürsorge.

Die Arbeiterschaft selbst strebte nach den Ideen des **Sozialismus** eine radikale Änderung des wirtschaftlichen und gesellschaftlichen Systems an. Nach **Karl Marx** sollten im Kommunismus alle Menschen gleichgestellt sein und Produktionsmittel, also Fabriken, Maschinen usw., sollten allen gemeinsam gehören. Durch eine gewaltsame Revolution sollte der Kapitalismus gestürzt und eine klassen- und besitzlose Gesellschaft errichtet werden. Die Arbeiter begannen, sich in **Gewerkschaften** und politischen Vereinen zu organisieren, aus denen schließlich die **Sozialdemokratische Partei (SPD)** hervorging. Diese politische Bedrohung der herrschenden Ordnung sorgte für eine langsamere Verbesserung der sozialen Lage des Proletariats.

Die Lage der Arbeiter und Ansätze zur Lösung der Sozialen Frage

Die soziale Lage der Arbeiter

- Frauen- und Kinderarbeit
- keine Absicherung
- lange Arbeitszeiten
- niedrige Löhne
- Rechtlosigkeit
- Seuchen und Krankheiten
- sittlicher Verfall
- Wohnungselend

↓ soziale **Hilfsmaßnahmen** (Kirche, Staat, Unternehmer)

↓ **Marxismus/ Sozialismus** → ↓ Organisation der **Arbeiterbewegung** (Gewerkschaften, SPD)

2.3 Die Reichsgründung von 1871

Seit Bestehen des Deutschen Bunds kämpfte die nationalliberale Volksbewegung für ein freiheitliches und geeintes Deutschland. Nach der Niederlage in der Revolution von 1848/49 folgte eine Phase der Reaktion, in der der **Obrigkeitsstaat** in Preußen und Österreich die Opposition unterdrückte. Doch mit der Zeit gewannen die Bestrebungen um nationale Einheit wieder an Bedeutung. Dabei setzte sich nun auch die Obrigkeit (namentlich der preußische Ministerpräsident **Otto von Bismarck**) für eine kleindeutsche Lösung unter **Führung Preußens** ein. In der Hoffnung, dass ein starkes Preußen die anderen deutschen Länder in einem Nationalstaat vereinigen könnte, war die Anhänger der deutschen Einheit sogar bereit, liberale Forderungen zurückzustellen. Im Zweifel war der nationalliberalen Bewegung die Einheit Deutschlands wichtiger als die Freiheit.

1861 wurde Wilhelm I. König von Preußen. Seinem Ministerpräsidenten Bismarck gelang es im sogenannten **Verfassungskonflikt**, die liberale Mehrheit des preußischen Parlaments zu besiegen. Das Königtum sicherte sich dabei einen bestimmenden Einfluss auf das Militär. Bismarck versprach eine Lösung der nationalen Frage durch **„Blut und Eisen"**. Dies bedeutete die Durchsetzung einer von Preußen dominierten kleindeutschen Lösung mithilfe militärischer Gewalt.

Einigungskriege

Entsprechend dieser Devise führte Preußen unter Bismarck drei Kriege.

- Im Krieg um **Schleswig und Holstein** (1864) vertrieben Österreich und Preußen gemeinsam den dänischen König aus den beiden Herzogtümern und teilten sich deren Herrschaft.
- Die gemeinsame Verwaltung von Schleswig-Holstein nutzte Bismarck jedoch zur gezielten Provokation Österreichs, was schließlich 1866 zum **deutschen Bruderkrieg** führte. Preußen besiegte Österreich und seine verbündeten Staaten wie Bayern in einem schnellen Krieg eindeutig. Gegen den Willen des Königs, der territoriale Gewinne erhoffte, handelte Bismarck mit dem geschlagenen Österreich einen günstigen **Verständigungsfrieden** aus. Österreich musste kein Land abtreten, stimmte jedoch der **Auflösung des Deutschen Bunds** zu. Damit verlor das Haus Habsburg seinen Einfluss auf die deutsche Politik. Der Weg für eine kleindeutsche Lösung war endgültig frei. Preußen verleibte sich durch den Sieg 1866 Hannover und andere klei-

nere Staaten ein und schloss sich mit 21 deutschen Ländern zum **Norddeutschen Bund** zusammen. Dessen Präsident wurde der preußische König und Bismarck wurde Kanzler. Mit den unterlegenen süddeutschen Staaten schloss Bismarck **„Schutz- und Trutzbündnisse“**, die gegenseitigen militärischen Beistand garantierten.

- 1870 blieb noch der außenpolitische Konkurrent **Frankreich** als Hindernis einer deutschen Einheit. Bismarck nahm dynastische Erbstreitigkeiten um den spanischen Thron zum Anlass, Frankreich durch die sogenannte **Emser Depesche** zur Kriegserklärung zu provozieren. In einem **gemeinsamen Feldzug** der deutschen Staaten gelang es, den französischen Kaiser Napoleon III. vernichtend zu schlagen und auch die folgende französische Republik zur **Kapitulation** zu zwingen. Paris wurde erobert und die deutsche Heeresleitung nahm in Versailles ihren Sitz. Dort bereitete sie die endgültige Reichsgründung vor. Frankreich musste Elsass-Lothringen an Deutschland abtreten und hohe Kriegsentschädigungen zahlen.

Reichsgründung von Versailles

Durch den schnellen Sieg gegen Frankreich setzte in Deutschland eine Welle **nationalen Hochgefühls** ein. Bismarck gelang es, den zunächst noch widerstrebenden süddeutschen Staaten durch Zugeständnisse die Zustimmung zu einem deutschen Kaiserreich abzuringen. Württemberg, Baden und Bayern erhielten beim Militär, der Post und Bahn bestimmte **Reservatrechte**, die ihnen eine Sonderstellung innerhalb der deutschen Länder einräumten. Der bayerische König Ludwig II. wurde durch finanzielle Zuwendungen für seine aufwändigen Schlossbauten dazu gebracht, Wilhelm von Preußen im Kaiserbrief als deutschen Kaiser vorzuschlagen. Am 18. Januar 1871 wurde er von den in Versailles versammelten deutschen Fürsten als **Wilhelm I.** zum **Kaiser** proklamiert. Damit war das zweite deutsche Kaiserreich auch öffentlich gegründet.

Verfassung von 1871

Bismarck sicherte sich die Unterstützung des nationalen und liberalen Bürgertums durch eine **scheinbar fortschrittliche Verfassung**. Der männlichen Bevölkerung über 25 Jahren wurde das allgemeine, gleiche, direkte und geheime Wahlrecht zum Reichstag eingeräumt. Dessen Rechte waren jedoch beschränkt. Zwar wirkte das Parlament an der Gesetzgebung mit, jedoch besaß es **keine wirklichen Kontrollrechte** gegenüber der durch den Kaiser ernannten Regierung. Der Kaiser konnte das Parlament auflösen und besaß den Oberbefehl über das Heer. Die regierenden Fürsten der Mitgliedsstaaten des deutschen Kaiserreichs behielten über den **Bundesrat** den entscheidenden Einfluss auf die Gesetzgebung des Reichs. Allerdings dominierte hier – wie in allen anderen Belangen – das preußische Königreich die anderen Staaten. Der preußische Ministerpräsident war gleichzeitig auch deutscher Reichskanzler, der preußische König der deutsche Kaiser. Trotz der scheinbar demokratischen Legislative blieb die **konstitutionelle Monarchie** des deutschen Kaiserreichs im Wesentlichen ein **Obrigkeitsstaat**.

Die Verfassung des Deutschen Reichs

2.4 Politik und Alltag im Kaiserreich

Die Innenpolitik des zweiten deutschen Kaiserreichs wurde in den ersten beiden Jahrzehnten hauptsächlich durch Reichskanzler Otto von Bismarck geprägt. Bismarck verstand es, die verschiedenen gesellschaftlichen und politischen Gruppen gegeneinander auszuspielen und dadurch seine eigene Machtstellung zu sichern.

Politik gegen „Reichsfeinde“
Bismarck sah das Deutsche Reich im Inneren durch drei Gruppen gefährdet. **Nationale Minderheiten** wie die Polen in Posen, die Dänen in Schleswig-Holstein sowie die Franzosen im 1871 annektierten Elsass-Lothringen sollten germanisiert werden, also ihre angestammte Kultur und Sprache aufgeben; dagegen regte sich jedoch Widerstand.

Das preußisch dominierte Reich wurde beinahe ausschließlich durch Protestanten repräsentiert: Das preußische Königshaus, Bismarck, die führenden Militärs waren allesamt evangelisch. Bismarck verdächtigte daher die süddeutschen und rheinischen **Katholiken** mangelnder Loyalität gegenüber dem neuen Staat. Auch ihr an der römischen Weltkirche ausgerichteter **Internationalismus** widersprach nationalstaatlichem Denken. Zudem hatte der streng antiliberale Kurs von Papst Pius IX., der 1870 im Unfehlbarkeitsdogma gipfelte, das freiheitliche Bürgertum gegen die katholische Kirche aufgebracht. Als mit dem **Zentrum** eine eigene Partei des politischen Katholizismus gegen die protestantische Dominanz im Reich gegründet worden war, begann Bismarck den sogenannten **Kulturkampf**. Um den Einfluss der katholischen Kirche und des Zentrums zurückzudrängen, wurden Gesetze erlassen:

- Im „**Kanzelparagraph**“ wurde den Geistlichen untersagt, die Regierung zu kritisieren.
- Der **Jesuitenorden** wurde verboten und der Kirche wurden staatliche Zuwendungen entzogen.
- In Preußen wurde die **geistliche Schulaufsicht** durch die weltliche ersetzt.
- Die Einführung der **Zivilehe** löste das kirchliche Monopol auf Eheschließung ab.

Die Auseinandersetzung schaukelte sich soweit hoch, dass bis 1876 alle Bischöfe in Preußen verhaftet waren. Als Bismarck schließlich ab 1878 mit dem neuen Papst Leo XIII. einen Ausgleich suchte und einige Maßnahmen entschärfte, war das Zentrum nicht etwa geschwächt, sondern gestärkt. Es hatte während der Auseinandersetzungen mit dem Staat bei den Wahlen an Stimmen hinzugewonnen, da die katholische Bevölkerung sich mit der Kirche solidarisiert hatte.

Ähnlich verlief der Konflikt mit den **Sozialisten**. Bismarck befürchtete einen **Umsturz** der politischen und gesellschaftlichen Ordnung durch die organisierte Arbeiterschaft. Außerdem sah er den Nationalstaat durch die internationale Ausrichtung des Sozialismus bedroht. Er machte die Sozialdemokraten für zwei fehlgeschlagene Attentate auf den Kaiser 1878 verantwortlich, obwohl diese damit nichts zu tun hatten, und rechtfertigte damit die Verabschiedung des **Sozialistengesetzes**. Darin wurden alle sozialdemokratischen, sozialistischen oder kommunistischen Vereine, Versammlungen und Druckschriften verboten. Funktionäre der Arbeiterbewegung wurden bespitzelt und konnten ausgewiesen werden. Doch auch diese Unterdrückungsmaßnahmen **verfehlten ihr Ziel**. Als 1890 das Sozialistengesetz nicht mehr verlängert wurde, hatte sich der Stimmenanteil der SPD fast verdreifacht. Im Widerstand gegen die harten Verfolgungsmaßnahmen hatte sich die Arbeiterschaft nur noch enger zusammengeschlossen und sich noch stärker mit den sozialistischen Ideen identifiziert.

Sozialgesetzgebung

Neben der polizeilichen Verfolgung versuchte Bismarck den Einfluss der Sozialisten auch durch eine **staatliche Sozialpolitik** einzudämmen. Dadurch hoffte er, die Sozialdemokratie zu schwächen und die Arbeiter stärker an den Staat zu binden. So wurde 1883 die **gesetzliche Krankenversicherung** eingeführt, deren Beiträge zu zwei Dritteln die Arbeiter und zu einem Drittel die Arbeitgeber aufzubringen hatten. 1884 folgte die **Unfallversicherung**, 1889 die **Alters- und Invaliditätsversicherung**. Die bismarcksche Sozialgesetzgebung sicherte die Arbeiter gegen die grundlegenden Risiken Krankheit, Alter und Invalidität ab und war für die damalige Zeit international vorbildlich.

Gesellschaftsordnung

Die wilhelminische Gesellschaft wurde dominiert durch **Adel und Militär**. Zwar besaß das wirtschaftlich erfolgreiche **Großbürgertum** mit den Fabriken, Banken und Handelsunternehmungen die wirtschaftliche Macht, jedoch orientierten sich dessen Vertreter am Lebensstil des althergebrachten, aber wirtschaftlich bedeutungslos gewordenen

Adels. So war es die Krönung einer bürgerlichen Laufbahn, in den Adelsstand erhoben zu werden. Wer es sich leisten konnte, legte sich ein adliges Gut auf dem Land zu und orientierte sich an den Sitten des Hofes.

Ebenso dominant war die Stellung der **Offiziere**. Das Militär bildete eine eigene Kaste mit eigenen Regeln und eigenem Ehrenkodex. Der Militärdienst war Voraussetzung auch für eine bürgerliche Karriere.

Dagegen bildeten die **Arbeiterschaft** und das **Kleinbürgertum** zwei voneinander abgetrennte Milieus. Während sich die Arbeiterschaft auch in der Freizeit in eigenen Vereinen organisierte und mithilfe der Sozialdemokratie und der Gewerkschaften zu höherem Lebensstandard und mehr Rechten gelangen wollte, orientierte sich das Kleinbürgertum nach oben und kopierte den Lebenswandel des Bürgertums. Die gesellschaftliche Dominanz von Adel und Militär wurde in diesen aufstiegsorientierten Schichten nicht infrage gestellt. In der Regierungszeit Kaiser **Wilhelms II.** ab 1888 verschärften sich die gesellschaftlichen Gegensätze und Spannungen zwischen Bürgertum und Proletariat noch weiter.

Die Gesellschaft im Kaiserreich

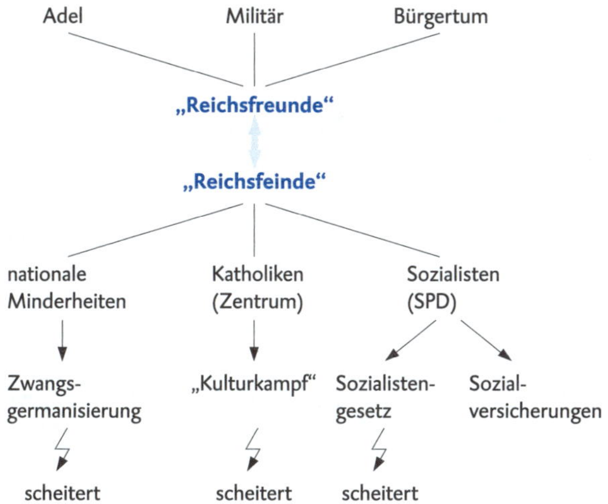

3 Imperialismus und Erster Weltkrieg

3.1 Außenpolitik im Zeichen des Imperialismus

Als Imperialismus bezeichnet man das Streben nach weltweiter politischer Macht, wirtschaftlichem und ideologischem Einfluss sowie kultureller Geltung. Diese Macht wird durch die Unterdrückung abhängiger Völker infolge militärischer Eroberung oder wirtschaftlicher Durchdringung ausgeübt. 1880 begann ein Wettlauf der Industriestaaten um die **Aufteilung der Welt** in Herrschaftsgebiete oder Einflusszonen. Man sah in der Ausweitung des eigenen Staats zu einem Imperium ein sichtbares Zeichen nationaler Größe. **Kolonien**, v. a. in Afrika und Asien, wurden zu Verhandlungsobjekten in diplomatischen Auseinandersetzungen und brachten die europäischen Großmächte gegeneinander auf. Neben dem Großmachtstreben waren auch ein **rassistisches Überlegenheitsgefühl** der europäischen Völker sowie wirtschaftliche Interessen ausschlaggebend. Die Kolonien sollten billige **Rohstoffe** liefern und Absatzgebiete für eigene Produkte schaffen.

Bismarcks Außenpolitik

Nach der Reichsgründung versuchte Bismarck, die erreichte Großmachtstellung Deutschlands zu sichern. Um die anderen Mächte nicht gegen sich aufzubringen, verzichtete er auf eine Ausbreitung des Deutschen Reichs und erklärte es für „**saturiert**“ (gesättigt). Demonstrativ hielt er sich im imperialistischen Wettlauf um Kolonien zurück, dadurch gelangte er bei Konflikten der anderen Großmächte in eine Vermittler- und **Schiedsrichterrolle**, die ihm den Ruf eines „ehrlichen Maklers“ einbrachte. Zudem versuchte Bismarck durch ein ausgeklügeltes **Bündnissystem**, das seit 1870/71 auf Revanche sinnende Frankreich zu isolieren und Deutschland durch ein umfassendes Geflecht von Bündnissen abzusichern. Vor allem die Gefahr eines **Zweifrontenkriegs** gegen Frankreich und Russland sollte gebannt werden. Hierzu bestand einerseits der Dreibund mit Österreich und Italien, auf der anderen Seite schloss Deutschland 1887 mit Russland den **Rückversicherungsvertrag:** Beide Staaten erklärten ihre Neutralität für den Fall, dass sich der Partner militärisch gegen eine andere Großmacht verteidigen müsse. Die deutschen Partner Österreich und Italien waren zudem durch die Mittelmeer-Entente mit Großbritannien verbündet.

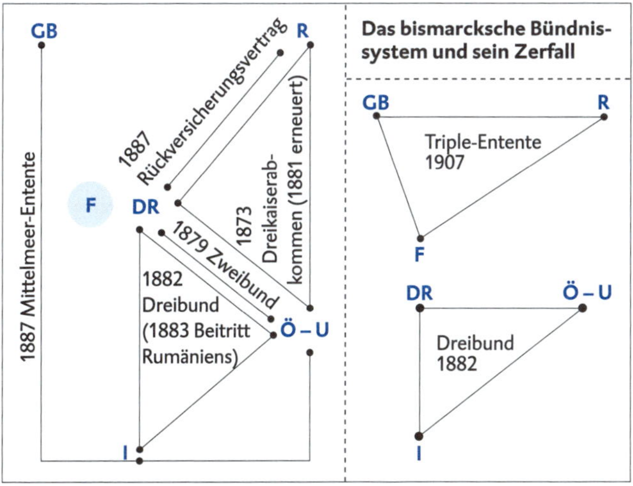

Außenpolitischer Kurswechsel unter Wilhelm II.

Bismarck überwarf sich mit dem seit 1888 regierenden Kaiser Wilhelm II. und trat 1890 erzwungenermaßen zurück. Fortan wurde die deutsche Außenpolitik vom Willen des Kaisers geprägt, Deutschlands Bedeutung in der Welt zu steigern. Wilhelm II. glaubte, Deutschland sei durch die späte Reichseinheit und Bismarcks koloniale Zurückhaltung bei der Verteilung der Welt zu kurz gekommen. Er fühlte sich durch das bismarcksche Bündnissystem in seiner Handlungsfreiheit eingeschränkt und erneuerte deshalb 1890 den Rückversicherungsvertrag mit Russland nicht. Außerdem verärgerte er durch diplomatische Ungeschicklichkeiten und den **Ausbau der Flotte** den erhofften Bündnispartner Großbritannien und trieb diesen in die Arme des Rivalen Frankreich. Schließlich stand dem Dreibund aus Deutschland, Österreich und Italien die **Triple-Entente** aus Frankreich, Großbritannien und Russland gegenüber. Für den Fall eines Konflikts drohte dem Deutschen Reich dadurch ein Zweifrontenkrieg. Gemäß dem imperialen Zeitgeist spielten unter Wilhelm II. die Kolonien im öffentlichen Bewusstsein eine größere Rolle. In Wirklichkeit jedoch blieb Deutschland auch unter dem neuen Kaiser eine **zweitrangige Kolonialmacht**, deren überseeische Gebiete wirtschaftlich, politisch und militärisch letztlich ohne Bedeutung blieben.

3.2 Der Erste Weltkrieg

Der Ausbruch des Ersten Weltkriegs lag bereits lange vor 1914 in der Luft. Das europäische Mächtegleichgewicht war durcheinandergeraten und die konkurrierenden Bündnissysteme steuerten auf einen unausweichlich erscheinenden Konflikt zu. Ursachen für die **instabile außenpolitische** Lage waren vor allen Dingen:

- die Schwäche des **Vielvölkerstaats** Österreich-Ungarn, dessen Nationalitäten nach Eigenständigkeit strebten
- die Zerrüttung des russischen Zarenreichs
- der Wettkampf um das Erbe des auseinanderbrechenden Osmanischen Reichs, vor allem auf dem Balkan und in Südosteuropa
- das Großmachtstreben des Deutschen Reichs

Ausgelöst wurde der Krieg durch ein Attentat serbischer Nationalisten auf den österreichischen Thronfolger in **Sarajevo**. Der deutsche Kaiser stellte daraufhin seinen österreichischen Verbündeten einen **„Blankoscheck“** aus, in dem er Österreich für alle Fälle die deutsche Unterstützung zusicherte. Darauf setzte ein Reigen von Ultimaten der Großmächte ein, der schließlich zu einem im Bündnissystem liegenden Automatismus von **gegenseitigen Kriegserklärungen** führte. Schließlich standen die Mittelmächte Deutschland, Österreich und Italien einer Entente aus Großbritannien, Frankreich und Russland gegenüber.

Kriegsverlauf

Um einen drohenden Zweifrontenkrieg zu vermeiden, wendete die deutsche Heeresführung den sogenannten **Schlieffen-Plan** an. Demnach sollte durch einen schnellen Sieg über Frankreich der Gegner im Westen bereits geschlagen sein, bevor sich das schwerfällige Russland mobilisiert hätte. Um Frankreich schnell in die Knie zwingen zu können, musste dabei die Neutralität Belgiens verletzt werden. Dadurch sollte die französische Verteidigungslinie umgangen werden; allerdings scheiterte dieser Plan. Nach ersten Erfolgen blieb die deutsche Offensive in Lothringen stecken und im Osten marschierten russische Truppen in das Reich ein. Zwar gelang es General Hindenburg in der Schlacht von Tannenberg, die Russen wieder zurückzudrängen, doch hatten sich die Gegner an der Westfront festgebissen – aus einem Bewegungs- wurde ein **Stellungskrieg** mit Schützengräben und minimalen Landgewinnen. Allein in den monatelangen Kämpfen um die Festung von **Verdun** fielen

700 000 Soldaten, ohne dass der Krieg dadurch entschieden wurde. Durch den technischen Fortschritt erreichte die Kriegführung völlig neue Dimensionen. In regelrechten „Materialschlachten" kamen Maschinengewehre, Handgranaten, Panzer, Flugzeuge und U-Boote zum Einsatz; Giftgas sorgte auf beiden Seiten für verheerende Verluste. Zudem wurde der Krieg wesentlich stärker als bisher auch für die Zivilbevölkerung zu Hause spürbar. Die britische **Blockade der deutschen Seehäfen** schnitt das hoch industrialisierte Deutschland von Rohstoffen und Lebensmitteln ab. Unter der Bevölkerung breitete sich Hunger aus, der schließlich 750 000 Deutschen den Tod durch Unterernährung brachte. Der Krieg weitete sich auf sämtliche Bereiche des Lebens aus.

Der Staat mobilisierte alle Kräfte für eine **totale Kriegführung** und griff massiv in die Wirtschaft ein. Er regelte Produktionsmengen und organisierte den Arbeitseinsatz in kriegswichtigen Bereichen. Fehlende Arbeitskräfte in der Industrie und Landwirtschaft wurden durch Frauen, Kinder, Invaliden und Kriegsgefangene nur unzureichend ersetzt. Die deutsche Industrie versuchte, die fehlenden Rohstoffe zu ersetzen, so entwickelten sie ein Verfahren zur künstlichen Herstellung des für Zündpulver notwendigen Stickstoffs. Mithilfe staatlicher **Propaganda** wurde die Bevölkerung gegen die Feinde aufgehetzt. Die Politik verlor gegenüber dem Militär immer stärker an Bedeutung, schließlich kam es quasi zu einer Art **Militärdiktatur** durch die oberste Heeresleitung um die Generäle Hindenburg und Ludendorff.

Die prekäre Lage des Deutschen Reichs wurde 1917 durch den **Kriegseintritt der USA** noch verschärft, der als Antwort auf den von Deutschland rücksichtslos geführten uneingeschränkten U-Boot-Krieg erfolgte, dem auch Passagierschiffe neutraler Länder zum Opfer fielen. Zwar gelang es Deutschland noch, gegenüber Russland Anfang 1918 nach der erfolgreichen Revolution der Bolschewiken den Siegfrieden von **Brest-Litowsk** durchzusetzen und damit den Zweifrontenkrieg zu beenden, dennoch zeigte sich im Laufe des Jahres 1918 immer deutlicher, dass eine **deutsche Niederlage** unausweichlich war.

Innere Entwicklung in Deutschland

Während bei Ausbruch des Kriegs im August 1914 in weiten Teilen der Bevölkerung **Begeisterung** und Zuversicht auf einen schnellen und triumphalen Sieg herrschte, setzte bald **Ernüchterung** ein. Fehlende militärische Erfolge und die wachsende Zahl von Toten und Verletzten ließen den Optimismus schwinden. Zudem drückten die **schlechte**

Versorgungslage und die Mobilisierung sämtlicher Kräfte auf die Stimmung der Bevölkerung. Hatten sich anfangs alle politischen Parteien, einschließlich der Sozialdemokraten, mit der Kriegführung solidarisiert und einen „**Burgfrieden**" geschlossen, also alle inneren Streitigkeiten zurückgestellt, brach diese Einigkeit im Laufe der Zeit auseinander. Als Erstes spalteten sich Abgeordnete der SPD von der Partei ab, weil sie sich weigerten, weiterhin im Reichstag der Finanzierung des Kriegs durch Kriegskredite zuzustimmen. Schließlich schlossen sich die großen Fraktionen aus SPD, Zentrum und Liberalen zum **interfraktionellen Ausschuss** zusammen. Dieser appellierte an den Kaiser, Friedensverhandlungen aufzunehmen, und drängte auf Verständigung mit den Gegnern. Im Laufe des Jahres 1918 radikalisierte sich die Stimmung weiter. Die Hoffnung auf innenpolitische Reformen durch die kaiserliche Regierung wurde enttäuscht. Im Januar setzten **Streiks der Arbeiter** ein, die den Frieden erzwingen sollten. Nachdem die deutsche Militärführung im August zur Überzeugung gelangt war, dass der Krieg nicht mehr zu gewinnen sei, forderte sie Ende September 1918 Waffenstillstandsverhandlungen, für die die Entente die **Parlamentarisierung** des Reichs zur Bedingung machte. Diese wurde im Oktober 1918 umgesetzt und übertrug die Verantwortung von der kaiserlichen Regierung auf die Parteien des Reichstags. Die Verfassung vom Oktober 1918, die nur wenige Wochen in Kraft war, erfüllte die Forderungen weiter Teile der Bevölkerung sowie der Entente-Mächte nach echter Gewaltenteilung und einer parlamentarisch legitimierten Exekutive – doch diese Reformen kamen zu spät.

Revolution

Aufständische Matrosen setzten am 3. November in Kiel eine Welle der Revolution in Gang, die schließlich ganz Deutschland erfasste und am 9. November in Berlin zur erzwungenen Abdankung des Kaisers führte. Neben der Herstellung der inneren Ruhe war die Beendigung des Kriegs durch einen Waffenstillstand eine der ersten und dringendsten Aufgaben der neuen Republik.

Der Reichskanzler Max von Baden gab ohne Wissen des Kaisers dessen Abdankung bekannt und übertrug das Amt des Reichskanzlers dem SPD-Vorsitzenden Friedrich Ebert. Wilhelm II. fügte sich in sein Schicksal und ging nach Holland ins Exil. Damit war die Monarchie in Deutschland beendet.

Der Erste Weltkrieg und seine Folgen in Deutschland

	Kriegsverlauf	Bevölkerung	Politik
1914 ↓	**Bewegungskrieg** Schlieffen-Plan Sieg bei Tannenberg Schlacht am Skagerrak	**z. T. Kriegsbegeisterung** Hoffnung auf dt. Sieg und rasches Ende des Kriegs	**„Burgfrieden"** der Parteien mit der Regierung Bewilligung der Kriegskredite
1915 1916	**Stellungskrieg** „Materialschlachten" „Hölle von Verdun" industrialisiertes Töten	**Erkennen der Realität** Grauen des modernen Massenvernichtungskriegs hohe Zahl an Menschenopfern	**„Hindenburgprogramm"** Mobilisierung aller Kräfte an der „Heimatfront" Militärdiktatur der OHL Einbeziehung der Arbeiterbewegung ↕
	Seeblockade	schlechte Versorgungslage („Hungerwinter")	Friedensbewegung innerhalb der Opposition (USPD) Friedensinitiativen im Reichstag und in Demonstrationen/Streiks (revolutionäre Stimmung) Einfluss der Revolution in Russland Parlamentarisierung
1917	Ausscheiden Russlands, aber **Kriegseintritt der USA** wegen des uneingeschränkten U-Boot-Kriegs	**Erkennen der Aussichtslosigkeit der Lage** allgemeine Kriegsmüdigkeit Schuldzuweisung an die Monarchen	
1918	**Kapitulation**		**Revolution**

4 Die Zeit der Weimarer Republik

4.1 Der Weg zur Weimarer Verfassung

Parlamentarische Demokratie oder Räterepublik?

Während das konservative Bürgertum angesichts der militärischen Niederlage und des Zusammenbruchs der Monarchie gelähmt war, konkurrierten auf der linken Seite zwei Parteien um die Macht im Staat. Zum einen rief für die gemäßigten **Mehrheitssozialdemokraten** Philipp Scheidemann am 9. November vom Balkon des Reichstags die Deutsche Republik aus, kurz darauf proklamierte der kommunistische Abgeordnete der **Unabhängigen Sozialdemokraten**, Karl Liebknecht, die Freie Sozialistische Republik. Zu diesem Zeitpunkt war es offen, ob Deutschland eine **parlamentarische Demokratie** oder eine **Räterepublik** nach sowjetischem Muster werden würde. Im Laufe der Revolution hatten sich in ganz Deutschland **Arbeiter- und Soldatenräte** gebildet. Das Rätesystem kennt keine Gewaltenteilung und ist eine Form der direkten Demokratie. Lokale Räte, die in Fabriken, militärischen Einheiten oder Gemeinden gewählt werden, sollen Beschlüsse ihrer Basis umsetzen oder nach oben weitergeben. Sie sind jederzeit austauschbar und müssen sich genau an die Aufträge ihrer Wähler halten (**imperatives Mandat**). Im Parlamentarismus dagegen wählt das Volk Abgeordnete mit **freiem Mandat**, die die Legislative bilden, aus der wiederum die Exekutive hervorgeht.

Die neue Regierung nannte sich zwar „**Rat der Volksbeauftragten**“, die sechs Mitglieder (je drei von MSPD und USPD) folgten jedoch dem Vorsitzenden Ebert auf dessen Weg zu einer parlamentarischen Demokratie. Die Anhänger des Rätegedankens um Karl Liebknecht und Rosa Luxemburg spalteten sich von der USPD ab und gründeten den **Spartakusbund**, aus dem später die Kommunistische Partei Deutschlands (KPD) wurde. Der Reichsrätekongress im Dezember 1918 entschied sich für Wahlen zu einer verfassunggebenden Nationalversammlung und damit für den parlamentarischen Weg, was den Austritt der USPD-Vertreter aus der Regierung zur Folge hatte. Vom 5. bis 12. Januar 1919 kam es schließlich zum „Spartakusaufstand“ linker Kräfte in Berlin. Ebert hatte sich bereits im November 1918 mit der ehemals kaiserlichen Armee verbündet („Ebert-Groener-Pakt“), sodass der Aufstand mithilfe von Freikorps-Truppen niedergeschlagen werden konnte. Im Zuge dessen wurden Karl Liebknecht und Rosa Luxemburg brutal ermordet.

Die Nationalversammlung

Am 19. Januar 1919 fand die Wahl der Nationalversammlung statt. Aus ihr ging die SPD mit 37,9 % der Stimmen klar als stärkste Partei hervor. Sie bildete mit dem Zentrum (19,7 %) und der linksliberalen Deutschen Demokratischen Partei (DDP, 18,6 %) die sogenannte **Weimarer Koalition**. Zusammen verfügten die drei Parteien über mehr als drei Viertel der Sitze. Um dem Druck der Straße auszuweichen, tagte die Nationalversammlung in Weimar. Dort wählte sie am 11. Februar mit großer Mehrheit Friedrich Ebert zum ersten Reichspräsidenten. Neben der Verabschiedung einer Verfassung akzeptierte die Nationalversammlung am 28. Juni 1919 die Bedingungen des Versailler Vertrags und übernahm damit die Verantwortung für den verlorenen Krieg.

Die Weimarer Verfassung brachte bedeutende **Fortschritte** gegenüber der Verfassung des Kaiserreichs:

- Erstmals besaßen auch Frauen das aktive und passive Wahlrecht.
- Das Staatsoberhaupt (Reichspräsident) war nicht mehr monarchisch, sondern demokratisch durch Wahlen bestimmt.
- Die Exekutive ging aus dem Parlament hervor und wurde durch dieses kontrolliert.

Andererseits wies die Weimarer Verfassung auch **Mängel** auf, die es den Nationalsozialisten später erleichterten, die Demokratie durch eine Diktatur zu ersetzen:

- Die Stellung des Reichspräsidenten war sehr stark: Er wurde für sieben Jahre direkt vom Volk gewählt, konnte den Reichstag auflösen und ernannte bzw. entließ die Reichsregierung, außerdem hatte er den Oberbefehl über die Reichswehr inne und ernannte die Richter am Staatsgericht. Vor allen Dingen wies ihm der Artikel 48 für den Krisenfall weitgehende Rechte zu. Er konnte das Militär im Inneren einsetzen, vorübergehend die Grundrechte ganz oder zum Teil außer Kraft setzen und am Reichstag vorbei Gesetze als Notverordnungen erlassen. Diese Kompetenzen ergaben in ihrem Zusammenspiel eine beinahe **diktatorische Gewalt**.
- Die Verfassung war so liberal, dass sie auch ihren Feinden die Möglichkeit bot, im Schutz der Menschenrechte gegen die Demokratie zu agitieren.

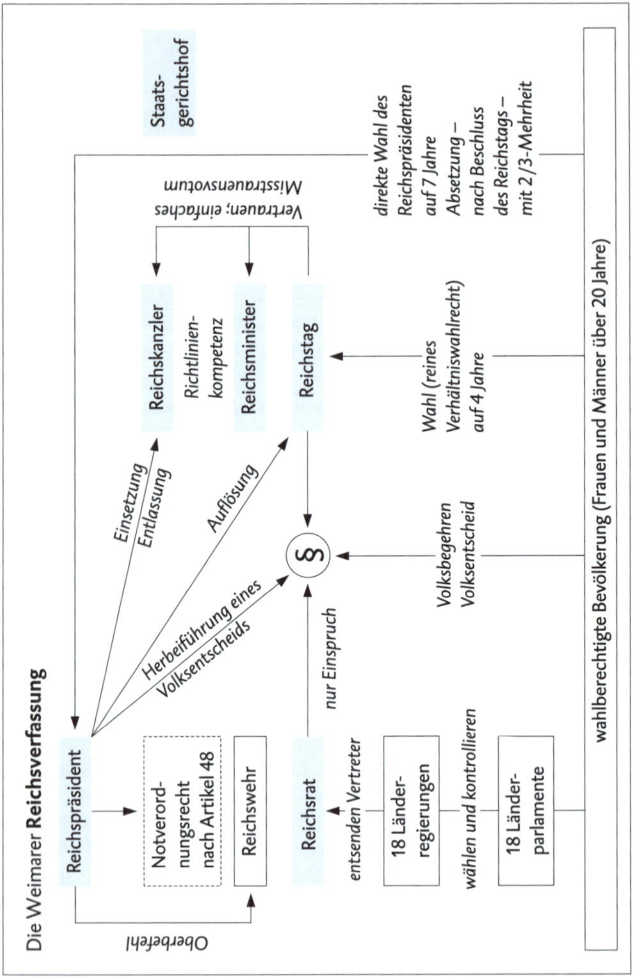

Die Weimarer **Reichsverfassung**

4.2 Die krisenhaften Anfangsjahre bis 1923

Die Kriegsniederlage, der Sturz der Monarchie und revolutionäre Unruhen läuteten 1918 eine fünfjährige Krisenperiode der ersten deutschen Republik ein.

Versailler Vertrag
Eine erste schwere Belastungsprobe stellte der Versailler Vertrag dar. Der Friedensvertrag mit dem besiegten Deutschland wurde von den Siegermächten in Versailles ausgehandelt, ohne dass Deutschland daran beteiligt wurde. Der vor allem von Frankreich diktierte Vertrag stellte Deutschland sehr harte Bedingungen:

- In Artikel 231 wurde Deutschland und seinen Verbündeten die alleinige Schuld am Ausbruch des Kriegs zugewiesen; insbesondere gegen diesen **„Kriegsschuld-artikel"** lief die deutsche Bevölkerung Sturm, da sie darin eine Demütigung und ungerechte Behandlung sah.
- Mit der Alleinschuld am Krieg begründeten die Sieger ihre Forderungen nach Wiedergutmachungen **(Reparationen)**. Deutschland sollte alle im Krieg entstandenen Schäden und Verluste ersetzen. Bei Nichterfüllung drohten harte Strafen bis hin zur Besetzung des Landes. Der Umfang der Reparationen bestand aus Geld- und Sachlieferungen im Wert von bis zu 200 Milliarden Goldmark.
- **Gebietsabtretungen**, unter anderem von Elsass-Lothringen an Frankreich, von Westpreußen und Teilen Oberschlesiens an Polen und weiterer Teile im Umfang von insgesamt 13 % des gesamten Staatsgebiets. Außerdem verlor Deutschland sämtliche überseeische Kolonien.
- **Militärische Beschränkungen**, die Deutschland militärisch ausschalten sollten: Beschränkung des Berufsheers auf 100 000 Mann, Verlust der Luftstreitkräfte, schwerer Waffen, Schlachtschiffe und U-Boote, Entmilitarisierung des Rheinlands in einem Streifen bis 50 Kilometer östlich des Rheins und Besetzung der Gebiete um Aachen, Koblenz, Köln, Trier und Mainz.

Nicht nur rechte Kreise in Deutschland waren über die Härte des Vertrags empört. Trotz der einhelligen Ablehnung wurde Deutschland durch die Drohung eines Einmarsches alliierter Truppen und der Besetzung ganz Deutschlands **zur Annahme gezwungen**. Feinden der Republik diente der „Schandvertrag“ von Versailles in den kommenden Jahren als Munition für ihre Hetze gegen die als „Novemberverbrecher“ beschimpften Demokraten und Republikaner. In der **Dolchstoßlegende** schoben rechte Kreise die Verantwortung für die Niederlage im Krieg und die daraus resultierenden Friedensbedingungen den Revolutionären von 1918 zu. Entgegen der Wahrheit behaupteten sie, die militärische Niederlage Deutschlands sei ausschließlich eine Folge der Revolution in der Heimat gewesen. Obwohl die Oberste Heeresleitung bereits im August 1918 intern die drohende Niederlage eingestanden hatte, behaupteten Hindenburg und Ludendorff nun, das Heer sei „auf dem Felde“ unbesiegt geblieben.

Bedrohung durch radikale Kräfte

Von Anfang an gab es auf der rechten wie auf der linken Seite des politischen Spektrums Gegner der Republik.

- Die **Kommunisten** forderten eine Vollendung der in ihren Augen nur halbherzigen Revolution von 1918 mit einer Räteherrschaft und einer kommunistischen Wirtschafts- und Gesellschaftsordnung. Ihr Versuch, durch **regionale Umstürze** ihre Machtzentren etwa in Sachsen auszuweiten und zum gewaltsamen Sturz des Systems zu nutzen, scheiterte jedoch: Ihre Anhängerschaft war zu gering und die militärische Übermacht der Gegenseite zu deutlich.
- Vor allen Dingen bei den **Beamten** und in der **Reichswehr** herrschte eine konservative und revanchistische Grundhaltung. Trotz formaler Anerkennung der Weimarer Ordnung lebten hier monarchische, antidemokratische und militaristische Traditionen des Kaiserreichs fort. In diesen Kreisen hoffte man auf eine Wiederherstellung der alten Ordnung und verweigerte der Republik die aktive Unterstützung.
- Auf der rechtsextremen Seite herrschte statt dieser revanchistischen Weltanschauung eine bereits **faschistische Ideologie** vor. Nicht die Wiederherstellung der Monarchie, sondern die Errichtung einer nationalistischen und rassistischen Diktatur war das Ziel dieser Kreise, die durch zahlreiche politische Morde die bestehende Ordnung stürzen wollten.

Das Krisenjahr 1923

Ihren Höhepunkt erreichte die Krise der Weimarer Republik 1923. Nachdem Deutschland Ende 1922 bei den Reparationsforderungen in Zahlungsrückstand geraten war, besetzten Frankreich und Belgien im

Januar 1923 das **Ruhrgebiet**. Die Reichsregierung rief daraufhin die Bevölkerung zum passiven Widerstand auf und ordnete einen Generalstreik an, doch die wirtschaftlichen Folgen dieses **Ruhrkampfs** waren für Deutschland katastrophal. Um Kohle aus dem Ausland kaufen zu können und die streikende Bevölkerung finanziell zu unterstützen, ließ die Reichsbank immer mehr Geld drucken, dadurch nahm die Geldentwertung **(Inflation)** rapide zu. Schließlich stiegen die Preise in astronomische Höhen. Geld verlor praktisch jeden Wert und wurde durch **Tauschhandel** ersetzt. Am stärksten litten Arbeitslose und Rentner, aber auch ehemals vermögende Kreise verloren ihr angespartes Geld und verarmten. Zu dieser Notlage kam die **soziale Unzufriedenheit** darüber hinzu, dass manche Bevölkerungsteile an der Krise noch verdienten. Wer sich auf Kredit Sachwerte wie Immobilien oder Firmen zugelegt hatte, war über Nacht praktisch schuldenfrei und profitierte von der Not der anderen. Weite Teile der Bevölkerung machten für die Inflation das politische System der Weimarer Republik verantwortlich. Die Demokratie verlor weiter an Rückhalt.

Hinzu kamen **separatistische Bewegungen** im Rheinland. Unabhängige Republiken wurden ausgerufen, konnten sich jedoch nicht gegen reichstreue Kreise durchsetzen. Gleichzeitig unternahmen die Kommunisten in Sachsen und im Ruhrgebiet sowie in manchen Industriestädten gewaltsame **Aufstände**, um das System zu stürzen.

Schließlich kam es im November 1923 in Bayern zum **Hitler-Putsch:** Rechte und separatistische Kreise, die die Sympathie der bayerischen Landesregierung genossen, verbündeten sich mit der noch kleinen Nationalsozialistischen Deutschen Arbeiterpartei (NSDAP) unter Führung Adolf Hitlers. Diese zog durch Massenveranstaltungen die Aufmerksamkeit auf sich und wuchs rasch an. Der geplante Umsturz durch einen **„Marsch auf Berlin“** scheiterte jedoch bereits in den Anfängen. Die bayerischen Politiker und Militärs sagten sich von Hitler los und stoppten am 9. November dessen Marsch gewaltsam an der Münchner Feldherrnhalle. Hitler kam in Festungshaft und seine Partei wurde verboten. Allerdings ließ die Justiz eine konsequente Verfolgung vermissen und bot Hitler in dem Hochverratsprozess gegen ihn eine Plattform für seine Propaganda. Nach kurzer Festungshaft, die er für die Abfassung seiner politischen Ideen in der Schrift *„Mein Kampf“* nutzte, kam er bereits 1925 wieder frei.

4.3 Die „Goldenen Zwanziger“

Trotz vielfältiger Herausforderungen und Probleme überstand die Republik das Krisenjahr 1923. Das innenpolitische Klima begann sich zu beruhigen, politische Morde und Aufstandsversuche blieben aus und die Wirtschaft erholte sich langsam wieder. Es begann eine **Phase der relativen Stabilität**.

Wirtschaftliche Erholung

Nach der Aufgabe des Ruhrkampfs und der Beendigung des Generalstreiks wurde mit einer **Währungsreform** die Voraussetzung für eine **wirtschaftliche Erholung** geschaffen. Die wertlos gewordene Mark wurde durch die Rentenmark ersetzt. Zudem sorgten **ausländische Investitionen** und der steigende Bedarf an Konsumgütern für wirtschaftliches Wachstum. Moderne Produktionsanlagen wurden aufgebaut und die Arbeitslosigkeit ging etwas zurück, blieb jedoch auf einem relativ hohen Niveau.

Dank des internationalen Dawes-Plans wurden die jährlichen deutschen Ratenzahlungen zur Begleichung der **Reparationsforderungen** verringert, jedoch noch nicht zeitlich begrenzt. Gegen den erbitterten Widerstand rechter und linker Parteien nahm Deutschland diesen Plan 1924 an. Fünf Jahre später erreichte man im **Young-Plan** auch eine zeitliche Begrenzung der Zahlungsverpflichtung bis zum Jahr 1988. Nachdem der Young-Plan entgegen eines von der NSDAP und anderen rechtsradikalen Organisationen herbeigeführten Volksentscheids gebilligt worden war, räumten die Alliierten auch die letzte Besatzungszone im Rheinland und erließen Deutschland 1932 schließlich die gesamte Reparationsschuld.

Außerdem sorgte die Republik durch umfangreiche Gesetze für **soziale Verbesserungen:** 1927 wurde die Arbeitslosenversicherung eingeführt, das Bildungswesen und der soziale Wohnungsbau wurden verstärkt.

Kulturelle Blüte

In den Zwanzigerjahren zeichnete sich Deutschland trotz der wirtschaftlichen und politischen Krisen durch hervorragende technische, wissenschaftliche und kulturelle Leistungen aus.

- Der klare und sachliche Stil der **Bauhaus-Schule** in Dessau wurde weltweit zum Vorbild moderner Architektur.

- Insbesondere in Berlin entwickelte sich ein kulturelles Zentrum von internationaler Bedeutung. Theater- und Filmschaffende sowie Musiker schufen weltweit beachtete Werke, zahlreiche Wissenschaftler und Künstler wurden mit **Nobelpreisen** ausgezeichnet.
- Vor allem die Forschung in den Bereichen Chemie, Medizin und Physik wurde durch Gründung neuer Universitäten belebt. Mithilfe der neuen **Massenmedien** Rundfunk, Film und Schallplatte erhielten kulturelle Ereignisse zudem eine bisher nicht gekannte Massenwirksamkeit.

Außenpolitische Verständigung

Deutschland versuchte als Verlierer des Ersten Weltkriegs durch eine Revision des Versailler Vertrags seine politische und wirtschaftliche Isolation zu überwinden.

- Einen ersten Schritt hierfür bildete der **Vertrag von Rapallo** von 1922. In ihm vereinbarte Deutschland mit dem anderen internationalen Außenseiter, der Sowjetunion, eine engere Zusammenarbeit. Dadurch konnte man zum einen gegenüber den Westmächten außenpolitische Selbstständigkeit demonstrieren und zum anderen durch militärische Zusammenarbeit die Rüstungsbeschränkungen des Versailler Vertrags indirekt umgehen.
- 1925 wurden in **Locarno** Verträge unterzeichnet, die Deutschlands Verhältnis zu seinen westlichen und östlichen Nachbarn entspannten. Deutschland verzichtete darin auf eine gewaltsame Wiederherstellung seiner alten Grenzen und kehrte in die internationale Gemeinschaft als gleichberechtigter Partner zurück.
- In der Folge von Locarno wurde Deutschland 1926 in den **Völkerbund** aufgenommen. Der deutsche Außenminister Stresemann erhielt gemeinsam mit seinem französischen Amtskollegen Aristide Briand den Friedensnobelpreis für die deutsch-französische Aussöhnung. 1928 unterstützte Stresemann den nach dem französischen und amerikanischen Außenminister benannten **Briand-Kellogg-Pakt**. Darin ächteten die führenden Nationen der Welt den Krieg als Mittel der Politik. Die Bemühungen um eine Friedenssicherung hatten ihren Höhepunkt erreicht: Die Erleichterungen für Deutschland bei den Reparationszahlungen bis hin zu deren völliger Streichung 1932 waren ein Ertrag dieser auf Ausgleich bedachten Politik.

4.4 Das Ende der Weimarer Republik

Trotz der relativen Stabilität von 1924 bis 1929 war die Weimarer Republik auch in dieser Zeit alles andere als gefestigt. Die Arbeitslosigkeit war die ganzen Jahre über recht hoch und weite Teile der Bevölkerung blieben ohne wirkliche Begeisterung für die Demokratie. Auch boten die Parteien kein sehr erfreuliches Bild: Die **Zersplitterung in viele kleine Parteien** erschwerte die Bildung stabiler Regierungen, zumal radikale Parteien wie KPD und NSDAP die Teilnahme an einer demokratischen Regierung von vornherein ablehnten. So wechselten häufig die verschiedenen Regierungen, die meist ohne Mehrheit im Parlament blieben. Der Bevölkerung bot sich ein Bild des Parteienstreits und der **Instabilität** – immer wieder kam es zu vorzeitigen Neuwahlen, da das Parlament vor Ende der Legislaturperiode aufgelöst wurde. Zudem amtierte nach dem Tod Friedrich Eberts seit April 1925 der einstige kaiserliche Generalfeldmarschall **Hindenburg** als Reichspräsident. Wenn er sich auch um eine verfassungstreue Politik bemühte, so repräsentierte er doch die Sehnsucht der nationalen Rechten nach einer Wiederherstellung der alten Verhältnisse.

Die Weltwirtschaftskrise

Ausgelöst durch den **Börsenkrach** am 25. Oktober 1929, dem „Schwarzen Freitag", wurde die gesamte Weltwirtschaft von einer schweren Krise getroffen. Deutschland war besonders stark beeinträchtigt, da die USA in hohem Umfang kurzfristige Kredite, die jedoch in Deutschland für langfristige Investitionen genutzt worden waren, zurückzogen. Deutsche Unternehmen und Banken wurden **zahlungsunfähig**, Betriebe mussten schließen und die Zahl der Arbeitslosen stieg sehr schnell an. Der Absatz im In- und Ausland sowie die Staatseinnahmen sanken gleichermaßen, sodass sich die Krise immer weiter verschärfte. Auf ihrem Höhepunkt Anfang 1932 zählte Deutschland über sechs Millionen **Arbeitslose**. Die erst kurz existierende Arbeitslosenversicherung war nicht in der Lage, für deren Lebensunterhalt ausreichend aufzukommen. Armut, Hunger und Not breiteten sich immer weiter aus, die Bevölkerung verzweifelte und gab auch dem politischen System die Schuld an der katastrophalen Lage.

Präsidialregierungen

In dieser Krisensituation platzte die Regierung einer Großen Koalition aus SPD und bürgerlichen Parteien. Da sich keine stabile Mehrheit finden ließ, berief Reichspräsident Hindenburg den Zentrums-Politiker Heinrich **Brüning** zum Reichskanzler. Dieser regierte ohne Mehrheit im Parlament und stützte sich nur auf das Vertrauen des Reichspräsidenten. Mithilfe der **Notverordnungen** auf Grundlage des Artikels 48 der Weimarer Verfassung konnte er gegen die Mehrheit im Reichstag Gesetze erlassen. Sperrte sich das Parlament gegen diese Politik, konnte der Präsident es auflösen. Diese Regierungsform nennt sich Präsidialregierung.

Nachdem auch die SPD im Juli 1930 die Tolerierung des Kabinetts Brüning aufgab, kam es im September zu Neuwahlen. Daraus gingen die antidemokratischen Parteien als Sieger hervor, insbesondere die bis dahin eher bedeutungslose **NSDAP** konnte ihren Stimmenanteil vervielfachen und wurde nach der SPD zweitstärkste Partei. Dennoch regierte Brüning weiter und setzte seine **Deflationspolitik** fort, die den Versuch darstellte, durch harte Einsparungen im Staatshaushalt und staatlich festgelegte Lohn- und Preiskürzungen das Schreckgespenst einer Inflation zu vertreiben. Zwar wurde dieses Ziel erreicht, doch drosselte die Politik des knappen Geldes den Konsum und die Nachfrage noch weiter und wirkte sich somit letztlich verschärfend auf die Krise aus.

Aufstieg der NSDAP

Radikale Kräfte nutzten die schwere Krise, um gegen das Weimarer System zu hetzen. Noch stärker als die KPD profitierte die NSDAP Adolf Hitlers von der Weltwirtschaftskrise und ihren Auswirkungen in Deutschland. In den zahlreichen Wahlkämpfen des Jahres 1932 warb sie mit radikalen Parolen und mit dem Einsatz **modernster Propagandamittel** um die Stimmen der Wähler. Besonders ihr Führer **Adolf Hitler** wurde zum kommenden Retter Deutschlands stilisiert. Doch die NSDAP setzte nicht nur auf Propaganda und Schlagworte, sondern auch auf massive Gewalt. Ihre Kampfverbände SA und SS provozierten **Saal- und Straßenschlachten** mit Kommunisten und Sozialdemokraten. Dabei gingen sie mit äußerster Brutalität vor und schreckten auch nicht vor Mord und Totschlag zurück. Im April 1932 verfehlte Hitler dennoch sein Ziel, Reichspräsident zu werden. Stattdessen wurde der bereits 85-jährige Hindenburg, diesmal mit Unterstützung sogar der SPD, wiedergewählt. Kurz darauf wurde Brüning entlassen und der konservative Zentrums-Abgeordnete Franz von Papen zum Reichskanzler berufen.

Dieser bildete ein reaktionäres „Kabinett der Barone“, das kaum auf parlamentarische Unterstützung hoffen konnte. Papen ließ deshalb sofort den Reichstag auflösen. In der folgenden Wahl vom 31. Juli 1932 triumphierte die NSDAP mit 37,4 % der Stimmen, sie war nun mit großem Abstand **stärkste Partei**. Hindenburg jedoch lehnte es ab, Hitler zum Kanzler zu machen. Papen scheiterte endgültig, nachdem auch sein zweiter Versuch, durch Neuwahlen im November 1932 den Reichstag hinter sich zu bringen, erfolglos blieb. In dieser Wahl verlor die NSDAP zwar leicht an Stimmen, behauptete sich aber als stärkste politische Kraft. Nachdem auch der nächste Kanzler General von **Schleicher** bereits nach wenigen Wochen gescheitert war, intrigierte Papen bei Hindenburg, sodass dieser Hitler als künftigen Kanzler akzeptierte. Mit Unterstützung der Großgrundbesitzer und Großindustriellen berief er am **30. Januar 1933** Hitler zum Reichskanzler. Papen wurde Vizekanzler in einem Kabinett, in dem die Nationalsozialisten in der Minderheit waren. So glaubten die Konservativen, Hitler zähmen und als ihr Zugpferd einsetzen zu können. Jedoch stellte sich schon bald heraus, dass Papen sich mit seiner Einrahmungstaktik gründlich verkalkuliert hatte.

Das Ende der Weimarer Republik

Weltwirtschaftskrise
- Höhepunkt 1932: 6 Millionen Arbeitslose
- Lohnkürzungen
- Bankenzusammenbrüche

Aufstieg der NSDAP
- 1932 stärkste Partei im Reichstag
- Propaganda und Straßenterror

Präsidialregierungen
- ohne parlamentarische Mehrheit
- Notverordnungen

30. 1. 1933 **Ernennung Hitlers zum Reichskanzler**
durch Reichspräsident Hindenburg

Widerstreit der Ideologien und Systeme im 20./21. Jahrhundert

Im Vorfeld des Zweiten Weltkriegs konkurrierten drei verschiedene Systeme miteinander.

- Auf der einen Seite standen die **westlichen Demokratien** mit einer liberalen und marktwirtschaftlichen Ordnung. Dieses Lager wurde angeführt von den USA, Großbritannien und Frankreich.
- Als weitere Macht hatte sich seit der Oktoberrevolution von 1917 die kommunistische Sowjetunion etabliert. Unter Stalin wollten die russischen **Kommunisten** die anderen Staaten Europas und der Welt für ihr marxistisches System gewinnen.
- Schließlich kam in den 1920er-Jahren mit dem **Faschismus** eine dritte Ideologie auf, die durch übersteigerten Nationalismus, antidemokratischen Führerkult und Rassismus geprägt war. Neben Italien unter Mussolini zählen das nationalsozialistische Deutschland und Spanien unter Franco zu den faschistischen Staaten.

Im **Zweiten Weltkrieg** besiegten die westlichen Demokratien gemeinsam mit der Sowjetunion Italien und Deutschland. Der Faschismus spielte fortan in der internationalen Politik keine Rolle mehr. Dagegen prägte von nun an der Gegensatz zwischen kapitalistischer und kommunistischer Welt die Geschichte der nächsten 50 Jahre. Aus den Verbündeten USA und UdSSR wurden erbitterte Feinde im **Kalten Krieg**. Durch die Eroberungen des Zweiten Weltkriegs hatte die Sowjetunion ihren Machtbereich auf ganz Osteuropa ausgedehnt, was die USA zu Gegenmaßnahmen veranlasste, um eine weitere Verbreitung des Kommunismus zu verhindern.

Mitten durch das in die zwei Staaten Bundesrepublik und DDR **geteilte Deutschland** lief der „Eiserne Vorhang" zwischen beiden sich im Kalten Krieg gegenüberstehenden Blöcken. Erst mit dem Zerfall der kommunistischen Herrschaft in der Sowjetunion und ihren Satellitenstaaten endete der die gesamte Welt beherrschende Ost-West-Konflikt Anfang der 1990er-Jahre.

1 Nationalsozialismus und Zweiter Weltkrieg

1.1 Die Errichtung einer Diktatur

Die Nationalsozialisten feierten den 30. Januar 1933 als **„Tag der Machtergreifung“**, da Hitler an diesem Tag zum Reichskanzler ernannt wurde. In Wirklichkeit begann mit dieser Ernennung erst ein mehrmonatiger Prozess, in dessen Verlauf die Nationalsozialisten Schritt für Schritt die Demokratie beseitigten und eine totalitäre Diktatur errichteten.

Aufhebung der Grundrechte

Als Erstes drängte Hitler den greisen Reichspräsidenten Hindenburg zur **Auflösung des Reichstags**. Ziel war es, bei Neuwahlen eine nationalsozialistische Mehrheit zu erringen. Dazu musste jedoch der Wahlkampf der konkurrierenden Parteien behindert werden. Gestützt auf den Artikel 48 der Verfassung erging bereits am 4. Februar 1933 eine Notverordnung, die die **Presse- und Versammlungsfreiheit** aufhob. Außerdem wurde Hitlers enger Vertrauter Hermann Göring Innenminister von Preußen und setzte SA-Männer als Hilfspolizisten ein. Als am 27. Februar der Reichstag in Berlin brannte, nutzten die Nazis dies, um die Grundrechte weiter einzuschränken. Sie behaupteten, der **Reichstagsbrand** sei Auftakt eines kommunistischen Umsturzversuchs, der mit allen Mitteln bekämpft werden müsse. Unter diesem Vorwand wurde am Tag nach dem Brand die „Notverordnung zum Schutz von Volk und Staat“ erlassen („Reichstagsbrandverordnung“). Demnach konnte jeder Deutsche beliebig lange verhaftet werden, außerdem wurde das Post- und Telefongeheimnis aufgehoben und die Beschlagnahmung von Privateigentum erlaubt. Damit war die Grundlage für die rücksichtslose **Verfolgung der politischen Gegner**, hauptsächlich von Kommunisten und Sozialdemokraten, gelegt. Obwohl die Oppositionsparteien massiv am Wahlkampf gehindert worden waren, verfehlte die NSDAP bei den Neuwahlen am 5. März 1933 die erhoffte absolute Mehrheit.

Beseitigung der Gewaltenteilung

Eine Diktatur kennt keine Teilung zwischen exekutiver und legislativer Gewalt. Die Nationalsozialisten mussten also den Reichstag als politische

Kraft ausschalten. Dies gelang mithilfe des **„Ermächtigungsgesetzes“** vom 23. März 1933. Darin übertrug der Reichstag für vier Jahre die Gesetzgebungsgewalt an die Reichsregierung und entmachtete sich selbst. Für dieses Gesetz war allerdings eine Zweidrittelmehrheit im Parlament erforderlich. Mit einer Mischung aus Propaganda, Versprechungen und massiven Drohungen gelang es der NSDAP, die bürgerlichen Parteien wie das Zentrum und die Liberalen zur Zustimmung zu bringen. Die kommunistischen Abgeordneten wurden gewaltsam von der Teilnahme an der Abstimmung ferngehalten, ihre Mandate für ungültig erklärt. So stimmte am Ende nur die SPD geschlossen gegen dieses Gesetz, das die Basis für Hitlers Diktatur bildete. Später wurde es noch dreimal verlängert. Zu diesem Zeitpunkt bestand der Reichstag jedoch bereits ausschließlich aus nationalsozialistischen Abgeordneten.

Auf der Grundlage des „Ermächtigungsgesetzes“ verloren auch die Länder ihre Unabhängigkeit und die anderen Parteien sowie die Gewerkschaften wurden verboten. Als Hindenburg am 2. August 1934 starb, wurden die Kompetenzen des Reichspräsidenten auf Hitler übertragen. Dieser trug nun den Titel **„Führer und Reichskanzler“** und vereinigte die Macht von Reichstag, Reichskanzler und Reichspräsident. Außerdem wurden die Soldaten der Reichswehr auf seine Person vereidigt.

Ausschalten der innenparteilichen Opposition

Die **SA** (Sturmabteilung) als Privatarmee und Propagandatruppe der NSDAP hatte durch den Einsatz in Straßen- und Saalschlachten während der Weimarer Republik, die Störung von Veranstaltungen konkurrierender Parteien und die Organisation von Massenaufmärschen erheblichen Anteil daran, dass die Nationalsozialisten an die Macht gelangt waren. Von 1932 bis 1934 hatte sich ihre Mitgliederzahl auf ca. zwei Millionen fast verzehnfacht. Ihr Chef **Ernst Röhm** war einer der engsten Vertrauten Hitlers. Dennoch wurde die SA für Hitler zum Problem: Röhm forderte mehr Einfluss und wollte unter anderem die SA mit der Reichswehr zu einer Volksarmee unter seiner Führung verschmelzen. Zudem wollte die SA radikaler gegen das Bürgertum und das alte System vorgehen. Um diese Opposition auszuschalten und die Reichswehr endgültig auf die Seite der Nazis zu ziehen, ließ Hitler am 30. Juni 1934 Röhm und die gesamte Führungsspitze der SA ermorden. Danach wurde behauptet, man sei einem Umsturzversuch der SA zuvorgekommen und rechtfertigte die Mordaktion per Gesetz als Staatsnotwehr. Entsprechend dieser Legende bürgerte sich der Name **„Röhm-Putsch“** für die Ausschaltung der SA-Führung ein. Fortan war die kleinere und elitäre **SS** (Schutzstaffel) unter Heinrich Himmler die entscheidende Parteiarmee. Die SA existierte weiter, hatte aber praktisch jeden politischen Einfluss verloren.

Gleichschaltung der Gesellschaft

Die Nationalsozialisten gaben sich nicht damit zufrieden, alle staatliche Macht erobert zu haben. Sie wollten die Bürger in ihrem gesamten Leben, in Beruf, Freizeit und Familie total erfassen. Deshalb heißt eine Diktatur wie die der NSDAP auch **totalitär**. Für nahezu alle Lebensbereiche entstanden NS-Organisationen wie die **HJ**, die **NS-Frauenschaft** oder die **NS-Volkswohlfahrt**. An die Stelle der zerschlagenen Gewerkschaften trat die **Deutsche Arbeitsfront (DAF)**, in der Arbeitnehmer und -geber zusammengefasst wurden. Der Schul- und Bildungsbereich wurde nach der NS-Ideologie ausgerichtet, das Kulturleben unter die Obhut des **Reichspropagandaministers** Goebbels gestellt. Er sorgte dafür, dass Presse, Funk, Film, Theater, Musik und bildende Kunst in den Dienst des Nationalsozialismus und seiner Propaganda genommen wurden. Das „Gesetz zur Wiederherstellung des Berufsbeamtentums“ sorgte für die Entlassung von „Nichtariern“ und politischen Gegnern aus dem Staatsdienst. Der Nationalsozialismus und seine Propaganda begleiteten die Bürger tagtäglich durch ihr gesamtes Leben.

Die Gleichschaltung von Staat und Gesellschaft

Gleichschaltung

Staat
- Aufhebung der Grundrechte
- Ausschaltung des Reichstags
- Verbot von Parteien und Gewerkschaften
- Aufhebung der Länderselbstständigkeit
- Säuberung des Beamtenapparats

Gesellschaft
- Massenorganisationen (HJ, BDM, NSV, DAF)
- Propaganda (Kunst und Kultur, Medien)
- Kirchen

1.2 Unterdrückung und Propaganda

Die nationalsozialistische Diktatur vertrat den Gedanken einer „**Volksgemeinschaft**": Demnach bestand eine Einheit zwischen allen „arischen" Deutschen und ihrer politischen Führung, insbesondere Adolf Hitler. Meinungsunterschiede durften nicht geäußert werden. Wer sich außerhalb dieser „Volksgemeinschaft" stellte, musste mit Ausgrenzung und Verfolgung rechnen. Dieses System fußte auf zwei Säulen: Zum einen sollten die Bürger durch **Propaganda** gewonnen werden, zum anderen verhinderte ein brutales **Terrorregime** offenen Widerspruch.

Propaganda
Die Übereinstimmung mit dem System sollte durch eine allgegenwärtige Propaganda gesichert werden. Diesem Zweck diente die Errichtung des Reichsministeriums für Volksaufklärung und Propaganda unter **Joseph Goebbels**, das alle öffentlichen Informationen lenkte. Durch Ausschalten der freien Presse, zentrale Kontrolle der Zeitungen, Radiosender und Wochenschauen manipulierten die Nationalsozialisten die Bevölkerung. Dieser wurden wichtige Informationen vorenthalten und Lügen als Wahrheit aufgetischt. Die Information war extrem einseitig und polemisch gegen innen- und außenpolitische Gegner gerichtet. Besondere Bedeutung gewann das noch neue Medium Radio. Billige „**Volksempfänger**" sorgten für eine weite Verbreitung der gesendeten Hitler-Reden und anderer Propagandabeiträge. Zudem sorgten aufwendige Propagandainszenierungen mit Massenaufmärschen, Fahnen, Lichtinstallationen und Spruchbändern für ein starkes Wir-Gefühl.

Die Propaganda erstreckte sich auf alle Bereiche des **kulturellen Lebens**. Literarische Werke, die nicht im Einklang mit der NS-Ideologie standen, fielen **Bücherverbrennungen** zum Opfer; Schriftsteller und andere Künstler wurden verfolgt oder ins Exil getrieben. Auch in Unterhaltungsfilmen wurde unterschwellig Propaganda betrieben. Monumentale Bauwerke waren schließlich Ausdruck vom Herrschafts- und Machtwillen der Nationalsozialisten: Ihre an klassische Vorbilder angelehnte **Architektur** sollte beeindrucken und einschüchtern. Sie war häufig die Kulisse aufwendig inszenierter **Massenveranstaltungen** wie der Reichsparteitage in Nürnberg. Unermüdlich vermittelte die Propaganda dem Volk die vermeintlichen Erfolge der Nazis.

Besonders die **Überwindung der wirtschaftlichen Krise** überzeugte viele Skeptiker von Hitler. Neben einem weltweiten Konjunkturaufschwung wurden mit propagandistisch ausgeschlachteten Sofortmaßnahmen viele Arbeitsplätze geschaffen. Ungeheure Investitionen in Autobahnen, Wohnungsbau und vor allem die Aufrüstung kurbelten die Wirtschaft an. Dass die Kehrseite eine immense Staatsverschuldung war, wurde der Bevölkerung natürlich verschwiegen. Finanziert werden sollte dieser **„Aufschwung auf Pump“** mit der Beute eines zu gewinnenden Kriegs. Neben der wirtschaftlichen Gesundung sorgten die Einführung der allgemeinen **Wehrpflicht** 1935 und die Verpflichtung der Jugend zum **Reichsarbeitsdienst** für eine weitere Reduzierung der Arbeitslosigkeit. Bis zu 300 000 junge Menschen wurden zum Küstenschutz oder zur Trockenlegung von Mooren in Kasernen zusammengezogen. Der Reichsarbeitsdienst, der keine Rücksicht auf die soziale Herkunft nahm, sollte zudem den Gedanken der „Volksgemeinschaft“ vertiefen. Außerdem kam das streng organisierte Lagerleben den nationalsozialistischen Vorstellungen vom soldatischen Dasein entgegen.

Das Terrorsystem

Von Beginn an setzten die Nationalsozialisten neben der Propaganda auch auf Gewalt. Bereits im Februar 1933 wurden die Grundrechte eingeschränkt. Fortan griffen Staat und Partei in die Persönlichkeitsrechte der Bürger ein und unterdrückten Meinungs-, Presse- und Versammlungsfreiheit. Politische Gegner wurden in **„Schutzhaft“** genommen, gedemütigt, gequält und getötet.

Im März 1933 wurde in Dachau das erste **Konzentrationslager** eröffnet. Später überzog eine ganze Reihe von KZs Deutschland. In den Lagern wurden Sozialdemokraten, Kommunisten, Priester und andere politische Gegner des Nationalsozialismus unter unwürdigen Umständen gefangen genommen und gequält. Neben der Unterdrückung der Opposition dienten die KZs auch der Verfolgung aus rassistischen oder weltanschaulichen Gründen. So wurden Juden, Sinti und Roma, Homosexuelle und Zeugen Jehovas ebenfalls in KZs gesperrt. Um diese Gruppen in der Öffentlichkeit noch weiter herabzuwürdigen, kamen auch tatsächliche Kriminelle in Konzentrationslager und wurden dort häufig als Aufseher (Kapo) eingesetzt. Die Gefangenen litten unter schlechter Ernährung, mangelnder Hygiene und brutalen Schikanen. Sie wurden durch harte Zwangsarbeit ausgebeutet; viele büßten ihre Gesundheit oder ihr Leben ein.

Besonders in den Anfangsjahren erfolgten auch Entlassungen aus den KZs. Die Freigelassenen mussten schriftlich versichern, über die Zustände keine genauen Auskünfte zu erteilen und sich fortan dem nationalsozialistischen Staat gegenüber absolut gehorsam zu verhalten.

Die KZs befanden sich in der Hand der **SS**. Sie arbeitete mit der ebenfalls von **Himmler** befehligten geheimen Staatspolizei (**Gestapo**) zusammen und nahm Polizeifunktionen wahr. Der Sicherheitsdienst (SD) bespitzelte die eigene Bevölkerung und lieferte Oppositionelle und Systemkritiker der Verfolgung aus. **Sondergerichte** wie der „Volksgerichtshof" sprachen bereits bei geringen Vergehen drastische Strafen aus und verweigerten den Angeklagten einen fairen Prozess. Gegen die Urteile waren keine Rechtsmittel möglich.

Die Unterdrückung politischer Gegner diente nicht allein deren Ausschaltung – die gesamte Bevölkerung sollte durch die demonstrative Härte **eingeschüchtert** werden. Die Existenz von KZs war allgemein bekannt und wurde auch in den Tageszeitungen gemeldet. Die durch das Auftreten der SS und der Gestapo verbreitete Stimmung der Angst sorgte dafür, dass sich die meisten der Menschen, die dem Nationalsozialismus reserviert gegenüberstanden, dennoch **anpassten** und keine offene Kritik äußerten. Sie gliederten sich in die „Volksgemeinschaft" ein und nahmen am Leben der NS-Organisationen teil.

Das Herrschaftssystem der Diktatur

Propaganda

- Reichsministerium für Volksaufklärung und Propaganda unter Joseph Goebbels
- Zensur und zentrale Lenkung von Literatur, Theater, Film, Radio, Presse, Musik und Kunst
- Monumentalarchitektur mit Fahnen, Appellen, Aufmärschen, Fackeln etc.

Unterdrückung und Einschüchterung

- Aufhebung von Rechtsstaat und Grundrechten
- Terrorsystem mit SS, Gestapo, SD unter Heinrich Himmler
- Konzentrationslager zur Unterdrückung der Opposition und Verfolgung von Minderheiten

1.3 Zwischen Anpassung und Widerstand

Jugend im „Dritten Reich"

Besondere Bedeutung hatte die Jugend für den Nationalsozialismus. Neben der Familie sollte die nationalsozialistische Bewegung die jungen Menschen prägen. Die **Schulen** wurden in den Dienst des Nationalsozialismus gestellt: Lehrpläne und Schulbücher spiegelten dessen Weltanschauung wider, Fahnenappelle und NS-Feiern prägten den Schulalltag. In der Freizeit mussten seit 1936 alle Jugendlichen zwischen zehn und 18 Jahren Mitglied in der **Hitlerjugend** werden; HJ und BDM (Bund Deutscher Mädel) umfassten circa acht Millionen Jugendliche und waren streng nach militärischem Muster aufgebaut. Ausgehend vom Reichsjugendführer herrschte eine straffe Hierarchie mit absoluter Befehlsgewalt von oben nach unten. Auf Wanderungen und Fahrten, bei Zeltlagern, Geländespielen und Sportveranstaltungen wurden Kameradschaft und sportlicher Wettkampf gepflegt. Neben der Vermittlung des Gemeinschaftsgefühls und der Anbindung an die Partei wurden bereits die soldatische Lebensweise (für Jungen) bzw. die Mutterschaft (für Mädchen) als Ideal eingeübt.

Ausschaltung der Kirchen

Für eine totalitäre Ideologie wie den Nationalsozialismus bedeuteten Religion und Kirche eine unliebsame Konkurrenz. So wollten die Nazis den Einfluss der christlichen Kirchen auf die Bevölkerung verringern und schließlich völlig ausschalten. Vor allem der kirchliche Einfluss auf Schule und Erziehung wurde zum Feld der Auseinandersetzung. Im Nationalsozialismus wurde die noch starke christliche Prägung der Schule beseitigt. Während sich die evangelische Kirche in die NS-treuen **Deutschen Christen** und die auf ihre Unabhängigkeit pochende **Bekennende Kirche** spaltete, wehrte sich die katholische Kirche zunächst geschlossen gegen die antikirchlichen Maßnahmen, ging dann aber mit dem Reichskonkordat ein Bündnis mit dem NS-Regime ein. Die letztlich erfolgreiche Selbstbehauptung der Kirchen ist darauf zurückzuführen, dass der christliche Glaube in der Bevölkerung noch viel zu stark verankert war. Die Nationalsozialisten mussten **Rücksicht** nehmen auf die **Stimmungen im Volk** – zu drastische antikirchliche Maßnahmen stießen auf Ablehnung in der Bevölkerung und ließen die Machthaber deshalb immer wieder zurückschrecken. So suchte der Staat trotz harter Auseinandersetzungen letztlich doch den Ausgleich mit den Bischöfen.

Verweigerung und Widerstand

Spätestens ab Mitte der 1930er-Jahre war es den Nationalsozialisten gelungen, den Großteil der deutschen Bevölkerung für sich zu gewinnen. Die meisten Bürger waren mit Hitlers Herrschaft zufrieden oder passten sich zumindest dem neuen System an. Allerdings gab es auch zahlreiche Menschen, die sich dem Machtanspruch der Nationalsozialisten verweigerten, gegen diesen protestierten oder sogar Widerstand gegen das System leisteten. Das Spektrum dieser Nichtanpassung ist groß: Es beginnt bei der Verweigerung des Hitlergrußes oder damit, dass sich immer wieder Jugendliche der Mitgliedschaft in der HJ erfolgreich entziehen konnten. Auch das Festhalten an christlichen Überzeugungen und der Protest gegen antikirchliche Maßnahmen können hierzu gezählt werden. Sehr viel geringer war jedoch die Zahl derjenigen, die sich aktiv für einen Sturz der nationalsozialistischen Herrschaft einsetzten und damit als Widerstandskämpfer bezeichnet werden können:

- Anfangs arbeiteten noch zahlreiche **Kommunisten und Sozialdemokraten** mit Flugblättern und anderen Mitteln gegen das Regime. Allerdings gelang es dem NS-Unterdrückungsapparat relativ erfolgreich, den Arbeiterwiderstand auszuschalten.
- Daneben gab es **Einzelkämpfer** wie den erfolglosen Hitler-Attentäter Georg Elser, der 1938 vergeblich versucht hatte, Hitler durch eine Bombe zu töten.
- Große Bekanntheit besitzt heute die „**Weiße Rose**“, eine Widerstandsgruppe junger Münchner Studenten, die Anfang der 1940er-Jahre versuchte, die Bevölkerung durch Flugblätter über das verbrecherische Wesen des Nationalsozialismus aufzuklären. Die Gruppe um Hans und Sophie Scholl wurde 1943 denunziert und ihre Mitglieder wurden größtenteils umgebracht.

Im Laufe des Zweiten Weltkriegs bildete sich auch **militärischer Widerstand** um den Oberst Graf Stauffenberg, am 20. Juli 1944 scheiterte diese Gruppe jedoch mit einem Attentat auf Hitler. Der daraufhin geplante Umsturz wurde noch am selben Tag durch hitlertreue Militärs und die SS vereitelt. Nach diesem spektakulärsten Akt des Widerstands verschärfte sich die Verfolgung der politischen Opposition noch einmal deutlich. Zahlreiche Widerstandskämpfer wurden ergriffen und vom „Volksgerichtshof“ zum Tode verurteilt.

1.4 Die nationalsozialistische Ideologie

Es existierte keine offizielle NS-Ideologie. Das **Parteiprogramm der NSDAP** umfasste nur wenige Punkte, wurde seit 1920 nicht mehr geändert und in der konkreten Politik kaum beachtet. Am wichtigsten sind Hitlers Darlegungen über seine Weltanschauung in dem Buch **„Mein Kampf"**. Ihre Wurzeln hatte seine Ideologie im **Rassismus** und **Sozialdarwinismus** des ausgehenden 19. Jahrhunderts. Diese Anschauungen fußten auf Charles Darwins Evolutionstheorie und übertrugen dessen Erkenntnisse sowie die Einteilung in Rassen auf den Menschen. Aufgrund pseudowissenschaftlicher Beweise glaubten die Anhänger dieses Sozialdarwinismus an die Überlegenheit der europäischen „Rasse" und an die Notwendigkeit, wertvolles Erbmaterial zu züchten und die Träger wertlosen Erbmaterials von der Fortpflanzung auszuschließen. Die äußerlichen Unterschiede zwischen den „Rassen" wurden auch auf Intelligenz und Charakter ausgeweitet. Solche Denkweisen waren um die Jahrhundertwende weitverbreitet und dienten zur Rechtfertigung des europäischen Imperialismus und Nationalismus.

Ein weiteres Kernelement der NS-Ideologie war der **Antisemitismus**. Bereits seit dem Mittelalter wurden die Juden in Europa aus religiösen Gründen verfolgt und ausgegrenzt. Seit dem 19. Jahrhundert kam auch noch ein sozialer Neid auf wirtschaftlich erfolgreiche Juden hinzu. Die Nationalsozialisten übernahmen diese althergebrachten Vorurteile, betrachteten jedoch die Juden nicht mehr als Religionsgemeinschaft, sondern als „Rasse". Nach Überzeugung Hitlers und seiner Anhänger waren die Juden die **minderwertigste „Rasse"**, die zudem noch insgeheim die Weltherrschaft anstrebte und deshalb aus dem Selbstbehauptungswillen des deutschen Volks heraus bedingungslos bekämpft werden musste.

In engem Zusammenhang mit dem Antisemitismus stehen zwei weitere Elemente der nationalsozialistischen Ideologie: der **Antikommunismus** und der **Antikapitalismus**. Nach Überzeugung Hitlers war der Marxismus ebenso wie der liberale Kapitalismus nur ein Versuch des internationalen Judentums, die Weltherrschaft zu erlangen und dann die anderen „Rassen" zu unterdrücken und auszurotten. Insbesondere der seit 1917 in Russland herrschende Kommunismus wurde zu einem Hauptfeindbild der Nationalsozialisten.

Aus der rassistischen Weltanschauung ergab sich ein übersteigerter **völkischer Nationalismus**, der das darwinistische Prinzip vom Kampf ums Dasein und Überleben des Stärkeren auf die Völker übertrug. Dies bedeutet, dass sich das deutsche Volk als Teil der germanischen „Rasse“ durch Krieg und Eroberung über „minderwertigere“ Völker wie Slawen oder Asiaten erheben sollte und diese unterwerfen und ausbeuten durfte. Für Hitler war **Krieg** ein natürliches Mittel der Politik. Insbesondere die Eroberung von **„Lebensraum im Osten“** Europas war von Beginn an Ziel seiner Politik.

Den Prinzipien Demokratie und Pluralismus, die die Weimarer Republik geprägt hatten, setzten die Nationalsozialisten **Führerprinzip** und **„Volksgemeinschaft“** entgegen. Demnach bedarf das Volk eines starken Führers, der seine Wünsche erkennt und in die Tat umsetzt. Dieser Führer besitzt die vollkommene Befehlsgewalt und steht an der Spitze eines streng hierarchischen Staats. Die Idee der „Volksgemeinschaft“ beruht auf konservativen Vorstellungen einer organischen Lebensgemeinschaft, die im Inneren harmonisch und geschlossen ist, d. h. es existieren keine Meinungsunterschiede oder Interessengegensätze innerhalb des Volks. Das ganze Volk ordnet sich willig dem einen Führer unter, solidarisiert sich im Inneren und tritt somit geschlossen nach außen auf. Wer eine abweichende Meinung besitzt und äußert, stört diese „Volksgemeinschaft“ und wird ausgestoßen. Obwohl der Volksgemeinschaftsidee in der Theorie auch Vorstellungen von sozialer Gleichheit innewohnten, wurde die Klasseneinteilung der deutschen Gesellschaft in der Praxis durch die Nationalsozialisten nicht beseitigt.

Elemente der NS-Ideologie

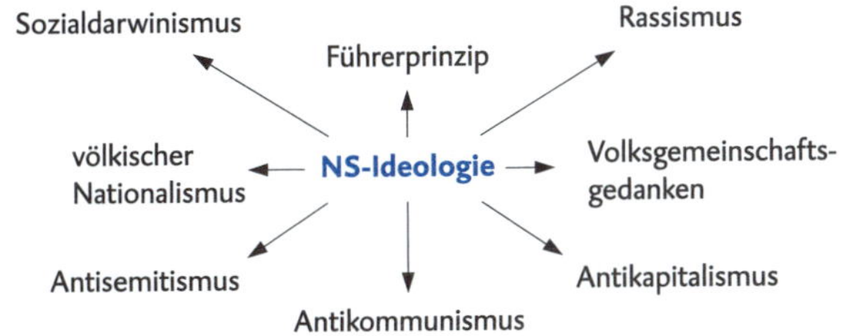

1.5 Verfolgung, Entrechtung und Ermordung der Juden

Grundlage für die Verfolgung und Vernichtung von Juden im nationalsozialistischen Deutschland war der **rassisch geprägte Antisemitismus** (vgl. 1.4). Mit der Machtübernahme Hitlers 1933 wurden die antisemitischen Parolen der Nationalsozialisten offizielle Politik. Die sich ständig steigernden antijüdischen Maßnahmen lassen sich in **drei Phasen** unterteilen:

- Von 1933 bis 1935 wurden die Juden **isoliert und diffamiert**. Dies begann bereits am 1. April 1933 mit einem von der SA organisierten Boykott jüdischer Geschäfte. Am 7. Mai wurde ein Gesetz erlassen, nach dem die Juden aus dem Staatsdienst entfernt wurden. Weitere Verbote schlossen die Juden aus dem gesellschaftlichen und kulturellen Leben aus. Den Höhepunkt dieser ersten Phase markieren die **Nürnberger Gesetze** vom 15. September 1935, die vom Reichsparteitag verabschiedet wurden. Im „Reichsbürgergesetz" wurden allen Deutschen, die mindestens einen jüdischen Elternteil hatten, die Bürgerrechte aberkannt. Das gleichzeitig erlassene „Gesetz zum Schutz des deutschen Blutes und der deutschen Ehre" verbot „Mischehen" und den „außerehelichen Verkehr zwischen Juden und Angehörigen deutschen oder artverwandten Blutes". Parallel zu dieser Entrechtung eröffnete die Partei mit ihren Presseorganen eine **Verleumdungs- und Diffamierungskampagne** größten Stils gegen die Juden. Das NS-Blatt „Der Stürmer" bereitete mit Schlagworten wie „Juda verrecke" bereits die Vernichtungspolitik der späteren Jahre vor.

- Von 1936 bis 1939 weitete sich die Verfolgung aus. Nun wurde den Juden durch zahlreiche Maßnahmen und Gesetze die **wirtschaftliche Grundlage entzogen**. Zahlreiche Berufe und Geschäftstätigkeiten blieben ihnen versperrt und sie mussten ihre persönlichen Vermögensverhältnisse offenlegen. Die Diskriminierung erreichte mit der Verpflichtung, ihrem regulären Namen die Zweitnamen Sarah bzw. Israel anzufügen, einen neuen Höhepunkt. Im Oktober 1938 wurden die Pässe von Juden mit einem roten J gekennzeichnet. Die Verfolgung der Juden gipfelte in der sogenannten **„Reichskristallnacht"** vom 9. November 1938. Staat und Partei organisierten gemeinsam die Zerstörung jüdischer Synagogen, Geschäftshäuser und Wohnungen. Über 30 000 Juden wurden verhaftet, mehrere 100 in dieser Nacht ermordet. In den darauffolgenden Tagen wurden sämtliche jüdischen Geschäfte geschlossen, die Versicherungsansprüche beschlagnahmt und den Juden ein Viertel ihres Vermögens als „Sühneleistung" für die Zerstörungen des 9. November genommen. Somit mussten die Opfer für die entstandenen Schäden aufkommen. Mit dem Beginn des Zweiten Weltkriegs im September 1939 setzten zahlreiche **Pogrome** (gewalttätige Ausschreitungen) in Polen durch SS, Polizeieinheiten und Wehrmacht ein. Außerdem wurden die ersten Juden aus Österreich und der besetzten Tschechoslowakei nach Polen deportiert.

- 1940 bis 1945 **Vernichtung durch Völkermord:** Die ersten **Deportationen** deutscher Juden nach Polen und die Errichtung des Konzentrationslagers Auschwitz leiteten die sogenannte „**Endlösung**" ein, die auf eine Ausrottung der Juden abzielte. Plante man 1940 noch, die europäischen Juden nach Madagaskar zu deportieren, so wurde dieses Vorhaben bald aufgegeben: Immer mehr Juden wurden aus Deutschland und den besetzten Gebieten in **Gettos** wie Warschau oder Lodz gesperrt und von dort unter anderem in die **Vernichtungslager Auschwitz**, Belzec, Treblinka gebracht; im September 1941 wurde erstmals in Auschwitz das Giftgas Zyklon B eingesetzt. Ein Auswanderungsverbot für Juden im November 1941 beendete die Möglichkeit, der Ermordung zu entkommen. Schließlich wurde am 20. Januar 1942 auf der **Wannsee-Konferenz** die Deportation und systematische Vernichtung der europäischen Juden offiziell beschlossen. Wenige Monate später wurde die erste Selektion im Konzentrationslager Auschwitz durchgeführt: Arbeitsfähige Juden wurden von denen getrennt, die sofort für die Gaskammer bestimmt waren. Damit begann die planmäßige und industriell betriebene Vernichtung der Juden mit Gas.

  Nach der Niederschlagung eines **Aufstands im Warschauer Getto** und dessen vollständiger Vernichtung befahl Himmler im Juni 1943 die Auflösung sämtlicher polnischer Gettos. Die Todesmaschinerie, die auf die vollständige Vernichtung des jüdischen Volks abzielte, arbeitete in den folgenden Monaten in allen von Deutschen beherrschten Gebieten auf Hochtouren. Die Befreiung des KZs Auschwitz durch sowjetische Truppen am 27. Januar 1945 markiert seit 1996 den offiziellen deutschen Gedenktag für die Opfer des Nationalsozialismus. Bis zum Kriegsende verloren ca. sechs Millionen europäische Juden im **Holocaust** (auch: Shoah) ihr Leben.

1.6 Der Zweite Weltkrieg

Von Beginn an steuerte die NS-Außenpolitik auf einen Krieg zu. Hitler sah die slawischen Völker in Osteuropa als rassisch minderwertig an und wollte die dortigen Gebiete als **Lebensraum** für das deutsche „Volk ohne Raum" gewinnen. Die angestammte Bevölkerung sollte versklavt oder ausgerottet werden. Hitler sah Krieg als natürliches Mittel der Politik an, da er die Geschichte als Abfolge von Kämpfen zwischen Völkern und „Rassen" begriff. Entsprechend stand seit 1933 die **Kriegsvorbereitung** auf dem Programm der Nationalsozialisten. Die **Wehrpflicht** wurde gegen die Bestimmungen des Versailler Vertrags wieder eingeführt, enorme Mittel wurden in die **Aufrüstung** gesteckt. 1938 begann eine **Expansionspolitik**, die durch Androhung und Anwendung von militärischer Gewalt durchgesetzt wurde. Als Erstes erpresste Hitler **Österreich**, das sich im Mai 1938 mit Deutschland vereinigte; in einem nächsten Schritt zwang Hitler die Tschechoslowakei, das zu ihr gehörende **Sudetenland**, in dem hauptsächlich Deutsche wohnten, an das Deutsche Reich abzutreten. Großbritannien und Frankreich, die eigentlich die Unantastbarkeit des tschechoslowakischen Staatsgebiets garantiert hatten, stimmten diesem gewaltsamen Raub im „Münchner Abkommen" vom September 1938 zu. Ebenso griffen sie nicht ein, als die Nationalsozialisten im März 1939 auch den verbliebenen tschechoslowakischen Staat zerschlugen und Böhmen und Mähren als **Reichsprotektorat** unter deutsche Verwaltung stellten.

Erste Kriegsphase 1939 bis 1941

Als Hitler in einem nächsten Schritt am 1. September 1939 **Polen** angreifen ließ, beendeten Großbritannien und Frankreich ihre Politik der Zugeständnisse (**Appeasement-Politik**) und erklärten Deutschland den Krieg. Polen wurde in nur gut drei Wochen besiegt, ohne dass die beiden Westmächte tatsächlich militärisch eingegriffen hätten. Vor dem Angriff auf das Nachbarland im Osten hatte sich Hitler im geheimen Zusatzprotokoll zum **„Hitler-Stalin-Pakt"** mit dem sowjetischen Diktator verständigt: Statt Polen zu helfen, marschierten sowjetische Truppen in den Osten des Landes ein und teilten sich mit Hitler die Beute.

Anfang April 1940 wurden **Dänemark** und **Norwegen** militärisch besetzt, um die für die Kriegsführung dringend notwendige Erzzufuhr aus Schweden weiterhin zu sichern.

Am 10. Mai 1940 begann die **Westoffensive**. Neben Frankreich wurden mit Belgien, den Niederlanden und Luxemburg auch drei neutrale Länder angegriffen. Die schnell vorstoßenden Panzertruppen erzwangen bereits nach sechs Wochen die französische Kapitulation. Im Süden Frankreichs wurde eine eigenständige, aber von Deutschland abhängige Regierung installiert, der Norden von den Deutschen besetzt. Als Nächstes sollten deutsche Luftangriffe eine Invasion Großbritanniens vorbereiten. Allerdings waren die Verluste der deutschen Luftwaffe so erheblich, dass die „Luftschlacht um England" („Battle of Britain") erfolglos abgebrochen werden musste. Eine Invasion war in weite Ferne gerückt.

Gleichzeitig zwang der missglückte Feldzug des verbündeten Italien auf dem **Balkan** die Deutschen zum Eingreifen. Als im Februar 1941 britische Truppen Kreta besetzten, sah Hitler die unentbehrlichen Erdölfelder Rumäniens gefährdet. Er eröffnete im April den Krieg gegen Jugoslawien und Griechenland; beide Länder wurden in kurzer Zeit erobert. Bereits seit Februar 1941 unterstützte ein deutsches Panzerkorps unter General Rommel in **Nordafrika** italienische Truppen – mit zunächst großem Erfolg.

Kriegswende 1941 bis 1943

Trotz des „Hitler-Stalin-Pakts" überfiel Deutschland am 22. Juni 1941 die **Sowjetunion**. Stalin hatte damit nicht gerechnet und wurde völlig unvorbereitet getroffen. Dementsprechend schnell stießen die deutschen Truppen nach Russland vor. Trotz gewaltiger deutscher Raumgewinne konnte die sowjetische Armee nicht entscheidend geschlagen werden. Stalin rief zum **„Großen Vaterländischen Krieg"** auf und mobilisierte das ganze Land. Im Dezember kam der deutsche Vormarsch, der nicht auf den harten russischen Winter vorbereitet war, vor Moskau zum Stehen. Die langen Nachschubwege und der anhaltende sowjetische Widerstand erschöpften die deutsche Wehrmacht.

Der Angriff auf die Sowjetunion bedeutete auch eine neue Dimension der Kriegsführung. In die eroberten Gebiete kamen SS-Verbände, die brutal gegen die Zivilbevölkerung und vor allem die Juden vorgingen. Der **„Kommissarbefehl"** erlaubte die rücksichtslose Tötung kommunistischer Funktionäre. Der **„Sühnebefehl"** führte als Vergeltungsmaßnahme für Anschläge von Partisanen zu Massakern an Frauen und Kindern.

Der japanische Angriff auf den US-Flottenstützpunkt in **Pearl Harbor** dehnte das Kriegsgeschehen über den ganzen Globus aus. Deutschland erklärte ebenfalls den USA den Krieg. Bereits vorher hatten die USA durch umfangreiche Rüstungslieferungen ohne Bezahlung die deutschen Kriegsgegner unterstützt, nun setzten sie ihre gigantische Wirtschaftsmacht direkt ein.

Zwei Ereignisse des Jahres 1943 markieren die Wende des Kriegs, die allerdings bereits durch die Ereignisse des Jahres 1941 vorbereitet wurde:
- Im Januar 1943 kapitulierte die in **Stalingrad** eingeschlossene 6. Armee, damit waren der Wehrmacht 300 0000 Soldaten verloren gegangen.
- Im Juli 1943 gelang den Westalliierten die **Landung auf Sizilien**. Dies führte zum Sturz des mit Hitler verbündeten Mussolini in Italien, die deutschen Truppen wurden in Italien langsam zurückgedrängt.

Die totale Niederlage 1944/45

Im Osten drängte die Rote Armee die deutschen Truppen immer weiter zurück, im Süden marschierten die Alliierten in Italien immer weiter voran. Mit der **Invasion in der Normandie** am 6. Juni 1944 wurde eine weitere Front gegen die Deutschen eröffnet. Von Osten wie Westen näherten sich feindliche Truppen nun dem Deutschen Reich. Gleichzeitig griffen amerikanische und britische **Bomberverbände** verstärkt die deutschen Rüstungszentren und Großstädte an. Trotz des massiven Einsatzes und furchtbarer Zerstörungen schwächten diese Bombardierungen, die eine hohe Zahl von Zivilopfern forderten, den deutschen Widerstandswillen nicht. Seit Januar 1945 waren feindliche Truppen im Osten wie im Westen auf deutsches Staatsgebiet vorgedrungen. Der Vormarsch stieß zwar noch auf Widerstand, der jedoch meistens schnell gebrochen werden konnte. Die **Opferzahlen** in der Endphase des Kriegs überstiegen alles bisher Dagewesene: In den letzten zehn Monaten des Kriegs verloren mehr Menschen ihr Leben als in den fünf Jahren zuvor. Nachdem schließlich im April 1945 auch die Hauptstadt **Berlin** eingenommen worden war, beging Adolf Hitler in seinem Führerbunker am 30. April **Selbstmord**. Am 8. Mai 1945 **kapitulierten** die deutschen Streitkräfte bedingungslos. Im Pazifik sträubten sich die Japaner noch eine Weile gegen die Niederlage – der Abwurf von zwei **Atombomben** auf Hiroshima und Nagasaki am 6. und 9. August zwang jedoch auch Japan zur Kapitulation. Damit war der Zweite Weltkrieg beendet. Insgesamt hatte er über 50 Millionen Menschen das Leben gekostet und viele Zerstörungen, vor allem in Europa, hinterlassen.

2 Blockbildung, deutsche Teilung und innerdeutsche Entwicklung

2.1 Das besetzte Deutschland

Deutschland war nach der **bedingungslosen Kapitulation** 1945 in weiten Teilen zerstört und vollständig von den Siegermächten besetzt. Die Bilanz des Kriegs war verheerend: 8,3 Millionen Deutsche hatten ihr Leben verloren, es gab 4 Millionen Kriegsversehrte, 10 Millionen Kriegsgefangene, über 12 Millionen Heimatvertriebene und bei über 3,5 Millionen zerstörten Wohnungen 7,5 Millionen Obdachlose.

Die Potsdamer Konferenz

Die Siegermächte hatten sich bereits während des Kriegs in den Konferenzen von Teheran (1943) und Jalta (Februar 1945) grundsätzliche Gedanken über das weitere Schicksal Deutschlands gemacht. So stand die Aufteilung in **Besatzungszonen** schon vor der geforderten bedingungslosen Kapitulation fest. Präzisiert wurden die Vorstellungen vom zukünftigen Deutschland auf der Potsdamer Konferenz im Juli/August 1945. Der sowjetische Diktator Stalin, US-Präsident Truman und der britische Premier Attlee beschlossen folgende Prinzipien:

- **Entmilitarisierung** Deutschlands durch vollständige Entwaffnung, Verbot jeglicher Waffenproduktion und Demontage kriegswichtiger Industrien
- **Entnazifizierung** der Gesellschaft
- **Demokratisierung** des politischen Lebens
- Abtrennung der Gebiete östlich der **Oder-Neiße-Grenze**, die hauptsächlich unter polnische Verwaltung gestellt wurden
- **Umsiedlung** der in Schlesien, Ostpreußen und dem Sudetenland lebenden Deutschen. Anders als vorgesehen, wurden sie unter oft unmenschlichen Bedingungen und Verlust ihres gesamten Besitzes aus ihrer oft seit Jahrhunderten angestammten Heimat vertrieben.
- Aufteilung des verbliebenen Staatsgebiets in **vier Besatzungszonen** und Berlins in vier Sektoren. Dadurch wurde auch Frankreich der Status einer Siegermacht zugebilligt.

- Der in Berlin tagende **Alliierte Kontrollrat**, in dem alle vier Siegermächte vertreten waren, sollte die einheitliche Entwicklung vor allem in wirtschaftlichen Belangen koordinieren.

Durch den bald nach Potsdam aufkommenden **Kalten Krieg** entwickelten sich jedoch vor allem die drei westlichen und die sowjetische Besatzungszone immer weiter auseinander (vgl. 2.2).

Die Zusammenbruch-Gesellschaft

Deutschland nach der Kapitulation war geprägt von großer **wirtschaftlicher Not** mit Hunger, Armut und Wohnungsmangel. Die Zwangsbewirtschaftung durch das System der **Lebensmittelkarten** führte zu Schwarzmarkt, Hamsterfahrten auf das Land und hoher Kriminalität, auch geistige und politische **Desorientierung** waren nach dem Erlebnis der totalen Niederlage verbreitet.

Auf der anderen Seite begann sofort der geistige und materielle **Wiederaufbau**. Deutsche Kriegsgefangene, Freiwillige und von den Alliierten verpflichtete Männer und Frauen schafften Millionen Tonnen Schutt aus den zerbombten Städten und ermöglichten den Neuaufbau. Nach den Einschränkungen der NS-Kulturpolitik erlebten die lange verbotenen Künste einen ebenso regen Zulauf wie Kirchen und Religion. Vor allem die aus dem Krieg heimgekehrten jungen Soldaten setzten sich mit der **Kultur** des demokratischen Auslands auseinander und wandten sich den deutschen Gegenwartsproblemen in der „Trümmerliteratur“ zu.

Die Entnazifizierung

Neben dem Verbot aller NS-Organisationen stand der **Nürnberger Prozess** gegen die Hauptkriegsverbrecher am Beginn der Entnazifizierung: 24 prominente Nationalsozialisten wurden vor einem internationalen Militärgerichtshof wegen Kriegsverbrechen, Verbrechen gegen die Menschlichkeit und Verbrechen gegen den Frieden angeklagt. Der Prozess begann im November 1945 und endete am 1. Oktober 1946 mit der Verkündung der Urteile: 12 Angeklagte wurden gehängt, drei zu lebenslänglicher Freiheitsstrafe verurteilt und drei freigesprochen, die restlichen vier mussten bis zu 20 Jahre in Haft, zwei Verfahren wurden eingestellt. In zwölf **Nachfolgeprozessen** wurden führende Vertreter bestimmter Gruppen vor Gericht gestellt wie etwa Ärzte, Juristen, Wirtschaftsführer oder Generäle.

In den **westlichen Zonen** erhielten alle Erwachsenen einen **Fragebogen**, durch den sie Auskunft über ihre Tätigkeiten und politischen

Einstellungen während des „Dritten Reichs" erteilen mussten. Aufgrund dieser Fragebogen konnte Anklage vor den **Spruchkammern** erhoben werden. Dort stuften deutsche Laienrichter die Angeklagten in eine von fünf Kategorien, die von Hauptschuldiger über Mitläufer bis zu Entlasteter reichten, ein und verhängten Strafen wie etwa Arbeitsverbot, Geldbußen oder Gefängnishaft.

Die Wahrheitsfindung vor diesen Spruchkammern stellte sich jedoch häufig als schwierig heraus, da die meisten Angeklagten Entlastungszeugen aufweisen konnten, die ihnen sogenannte **Persilscheine** ausstellten. Außerdem ließ mit der Verschärfung des Ost-West-Konflikts der Verfolgungswille der Besatzer entscheidend nach. Der Entnazifizierung wurde zum Vorwurf gemacht, vor allem gegen kleine Nationalsozialisten hart vorgegangen zu sein, während man die Großen laufen lassen oder milde behandelt habe.

In der sowjetischen Besatzungszone (**SBZ**) wurden im Namen des verkündeten **Antifaschismus** neben ehemaligen Nazis auch politische Gegner aus dem Bürgertum inhaftiert und enteignet. Faschismus wurde zu einer Ideologie der besitzenden Klasse erklärt. Dadurch wurde der sozialistische Klassenkampf für **Enteignung** und **Vergesellschaftung** von Großgrundbesitz und Industrie zur antifaschistischen Maßnahme.

Wiederbeginn des demokratischen Lebens

Da Deutschland nicht vollständig von den Siegermächten verwaltet werden konnte, setzte man sehr bald in den Kommunen und Ländern deutsche Politiker in Ämter ein. Mit der **Zulassung von Parteien**, die sich wie die SPD oder KPD wieder gründeten oder wie die CDU/CSU oder FDP neu entstanden, wurde auch die Abhaltung von Wahlen möglich. Allerdings wurden die ersten demokratischen Gehversuche noch von den Alliierten überwacht, die den Parteien ebenso wie den neu entstehenden **Medien** wie Tageszeitungen oder Magazinen Lizenzen erteilen, aber auch wieder entziehen konnten. Bis 1947 trugen in allen deutschen **Ländern** demokratisch gewählte Parlamente und aus ihnen hervorgegangene Regierungen wieder die Verantwortung. In der SBZ wurden die KPD und die SPD gegen den Willen der Sozialdemokraten zur **Sozialistischen Einheitspartei Deutschlands (SED)** zwangsfusioniert. Die von den Kommunisten beherrschte und von der Besatzungsmacht unterstützte Partei schaltete ihre Gegner aus und dominierte das gesamte politische Leben.

2.2 Die deutsche Spaltung als Folge des Ost-West-Konflikts

Auf der Potsdamer Konferenz hatten die Siegermächte noch ein einheitliches Deutschland im Sinn, doch durch den beginnenden Ost-West-Konflikt unterschieden sich bald ihre Interessen in Bezug auf die weitere Entwicklung Deutschlands.

- Als erstes konzipierten die Amerikaner die Gründung eines eigenen **starken Weststaats**, der in das amerikanische Verteidigungssystem integriert werden und damit ein Bollwerk gegen die sowjetische Expansion darstellen sollte.
- Demgegenüber wollte Frankreich aus der Erfahrung dreier deutsch-französischer Kriege in 70 Jahren ein Wiedererstarken des östlichen Nachbarn verhindern.
- Die Sowjetunion unter Stalin betrieb dagegen eine widersprüchliche Deutschlandpolitik. Es ist bis heute umstritten, ob der sowjetische Diktator zeitweilig ein **neutrales Gesamtdeutschland** anstrebte oder ob er von Anfang an zumindest den Ostteil unter seine Kontrolle bringen wollte.

Wirtschaftliche Auseinanderentwicklung

Bald zeichnete sich auf dem Gebiet der Wirtschaft eine Auseinanderentwicklung der Zonen ab. Während die Sowjetunion und Frankreich in ihren Zonen in großem Umfang **Demontagen** von Industrieanlagen durchführten, um sich für die entstandenen Kriegsschäden schadlos zu halten, verzichteten die USA weitgehend darauf. Die hoffnungslose Versorgungslage der deutschen Bevölkerung brachte Amerika und Großbritannien schließlich dazu, ihre beiden Zonen ab 1. Januar 1947 zur sogenannten **Bizone** zu vereinigen. Erklärtes Ziel war es nun, den Deutschen beim wirtschaftlichen Wiederaufbau zu helfen. Entsprechend wurden die drei westdeutschen Zonen auch im Frühjahr 1948 in den amerikanischen **Marshallplan** zum Wiederaufbau Europas einbezogen. Doch auch in der sowjetischen Besatzungszone förderte die **Sozialisierungspolitik** mit der Enteignung von Großgrundbesitz und Schwerindustrie die wirtschaftliche Auseinanderentwicklung. Im März 1948 trat der russische Militärgouverneur aus Protest gegen die Westintegration der anderen Zonen aus dem Alliierten Kontrollrat aus. Damit wurde das Ziel einer gemeinsamen Wirtschaftspolitik aufgegeben.

Währungsreform und Berlin-Blockade

Das endgültige Aus für eine gemeinsame Deutschlandpolitik der Siegermächte bedeutete die Einführung der **D-Mark** in den drei Westzonen am 20. Juni 1948. Das Vertrauen in die neue Währung ließ den Schwarzmarkt schlagartig zusammenbrechen. Die Auslagen der Geschäfte füllten sich wieder mit lange vermissten Waren, die man nun gegen gutes Geld kaufen konnte. Nachdem die französische Zone bereits in die Währungsreform einbezogen worden war, trat sie kurz darauf auch offiziell der Bizone bei, die damit zur **Trizone** wurde.

Mit einem letzten Gewaltakt versuchte die Sowjetunion, die sich abzeichnende deutsche Spaltung noch einmal zu verhindern. Als Reaktion auf die Währungsreform in den Westzonen wurde in der SBZ drei Tage später die **Ostmark** eingeführt. Außerdem sperrte man alle Zufahrtswege nach Berlin und stoppte die Lieferung von Lebensmitteln und Energie aus dem Umland. Diese **Blockade** wurde durch eine amerikanische **Luftbrücke** durchbrochen, die mit bis zu minütlichen Flügen die über zwei Millionen Westberliner mit dem Notwendigsten versorgte.

Weg zum Grundgesetz

Am 1. Juli 1948 überreichten die Militärgouverneure der drei westlichen Zonen die **Frankfurter Dokumente** an die deutschen Ministerpräsidenten. Darin forderten sie sie auf, eine verfassunggebende Versammlung wählen zu lassen, an deren Ende die Gründung eines demokratischen Bundesstaats stehen sollte. Da die Ministerpräsidenten nicht durch die Gründung eines eigenen Weststaats die deutsche Spaltung zementieren wollten, wählten sie den Weg zu einem **provisorischen Staat**. Ein nicht aus direkten Wahlen hervorgegangener Parlamentarischer Rat beschränkte sich darauf, ein Grundgesetz statt einer Verfassung auszuarbeiten. Das Ergebnis wurde auch nicht durch eine Volksabstimmung abgesegnet, sondern nur durch die Landtage angenommen. Das Grundgesetz trat am 23. Mai 1949 in Kraft. Im August wurden die ersten **Bundestagswahlen** abgehalten, aus denen die CDU/CSU als stärkste Partei hervorging. Damit begann die Geschichte der Bundesrepublik Deutschland.

Der Parlamentarische Rat hatte versucht, aus dem Scheitern der Weimarer Verfassung **Lehren** zu ziehen. So wurde der Bundespräsident auf repräsentative Aufgaben beschränkt und dagegen die Stellung des Bundeskanzlers enorm gestärkt. Der Regierungschef kann nur noch durch ein konstruktives Misstrauensvotum, d.h. durch die Wahl eines Nachfolgers vom Parlament, dem Bundestag, gestürzt werden.

- Außerdem wurden die ersten 20 Artikel des Grundgesetzes, in denen die Menschenrechte und die Grundsätze Demokratie, Rechtsstaatlichkeit und Föderalismus festgeschrieben sind, als **unumstößlicher Verfassungskern** festgelegt.
- Anders als die Weimarer Republik ist die Bundesrepublik eine **wehrhafte Demokratie**, deren Grundgesetz es erlaubt, Verfassungsfeinden politische Rechte zu entziehen.

Gründung der DDR

Als Reaktion auf die sich abzeichnende Staatsgründung im Westen schwenkte die Sowjetunion in ihrer Deutschlandpolitik um. Sie legte ihre zeitweiligen Pläne für ein neutrales Gesamtdeutschland auf Eis und betrieb stattdessen in der sowjetischen Besatzungszone ebenfalls die Gründung eines eigenen Staats. Am 7. Oktober 1949 trat die Verfassung der **Deutschen Demokratischen Republik** (DDR) in Kraft. Zwar gab es auch hier ein gewähltes Parlament, doch erfüllten die Wahlen zur Volkskammer nicht die demokratischen Anforderungen. Die Bürger konnten nicht zwischen verschiedenen Parteien wählen, sondern nur über eine Einheitsliste, die von der SED dominiert war, abstimmen. Damit existierten auf dem Boden des ehemaligen Deutschen Reichs zwei Staaten, die sich feindlich gegenüberstanden.

Die Gründung der beiden deutschen Staaten

Westzonen		**SBZ**
Bizone Marshallplan Währungsreform	→	Enteignung von Großgrundbesitz und Großindustrie Berlin-Blockade
↓		
Frankfurter Dokumente Grundgesetz		
↓		
Gründung Bundesrepublik Deutschland 23.5.1949	→	**Gründung Deutsche Demokratische Republik 7.10.1949**

2.3 Die Entwicklung der Bundesrepublik

Die Ära Adenauer (1949 bis 1963)

Erster Bundeskanzler wurde der Vorsitzende der CDU, **Konrad Adenauer**. Unter seinem Wirtschaftsminister Ludwig Erhard (CDU) erlebte die Bundesrepublik das „**Wirtschaftswunder**". Angekurbelt durch den Marshallplan und begünstigt durch niedrige Produktionskosten bei hoher Qualität, erlebte die Wirtschaft einen rasanten Aufschwung. Die Arbeitslosigkeit nahm drastisch ab und die Kaufkraft der Bevölkerung stieg stark. Dementsprechend weitete sich der private Konsum enorm aus und sorgte dadurch wiederum für steigende Nachfrage. Der **Lebensstandard** der westdeutschen Bevölkerung verbesserte sich kontinuierlich: Autos, Fernseher, Telefon und Urlaubsreisen gehörten immer stärker zum Alltag auch der mittleren und unteren Schichten – das soziale Gefälle innerhalb der Gesellschaft nahm ab. Hierzu trugen auch zahlreiche Maßnahmen der **Sozialpolitik** bei: Im sozialen Wohnungsbau entstanden Millionen von Wohnungen, die Renten wurden stark angehoben und der allgemeinen Preisentwicklung angepasst, die Flüchtlinge und Vertriebenen durch einen Lastenausgleich in die Gesellschaft integriert und für ihre materiellen Verluste teilweise entschädigt. Vollbeschäftigung, steigende Löhne und Mitbestimmungsrechte der Arbeitnehmer sicherten in der **Sozialen Marktwirtschaft** den sozialen Frieden. Politischen Sprengstoff bargen andere Fragen: Die **Westintegration** in das westliche Verteidigungssystem, die Adenauer betrieb, stieß anfangs auf den erbitterten Widerstand der SPD und anderer politischer Kreise, vor allem um die Frage der **Wiederbewaffnung** entzündete sich ein heftiger Konflikt, der schließlich mit der Wiedereinführung der Wehrpflicht und der Schaffung der Bundeswehr 1956 endete.

Große Koalition und 68er-Bewegung

Der Nachfolger Adenauers, Ludwig Erhard, wurde bereits nach drei Jahren gestürzt, der Koalition aus CDU/CSU und FDP folgte nun eine **große Koalition** aus CDU/CSU und SPD. Eine erste Wirtschaftskrise wurde durch ein Stabilitätsgesetz von 1967 erfolgreich bekämpft. Die Verabschiedung der **Notstandsgesetze**, die für den Ausnahmezustand quasidiktatorische Zustände vorsahen, stieß jedoch auf einen breiten Widerstand in der Bevölkerung. Da mit der FDP nur eine schwache Opposition im Parlament vertreten war, entstand die **Außerparlamentarische Opposition (APO)**. Neben Kirchen und Gewerkschaften engagierten sich vor allem linke Studenten. Der Protest weitete sich aus gegen den Vietnamkrieg der USA, die hierarchische Struktur der Universitäten, die Verdrängung der NS-Vergangenheit durch die Gesellschaft, die bürgerlichen Lebensformen und schließlich gegen das kapitalistische Wirtschaftssystem. Neben Straßendemonstrationen, Sitzblockaden und Diskussionsveranstaltungen protestierten die Studenten auch durch bewusste Provokationen. In Wohngemeinschaften, wie der Kommune 1 in Berlin, wurden **alternative Lebensformen** jenseits bürgerlicher Moralvorstellungen ausprobiert. Bei einer Demonstration gegen den Schah-Besuch in Berlin am 2. Juni 1967 wurde ein Student von einem Polizisten erschossen. Die Auseinandersetzungen nahmen an Härte zu und eskalierten schließlich nach einem Attentat auf den Studentenführer **Rudi Dutschke** Ostern 1968. Bei gewalttätigen Demonstrationen gegen die Springer-Presse kam es zu Toten. Aus dem radikalen Teil der Studentenbewegung ging schließlich die RAF der 1970er-Jahre hervor.

Sozialliberale Koalition 1969 bis 1982

Mit der Wahl des SPD-Politikers **Gustav Heinemann** zum Bundespräsidenten durch die Stimmen der SPD und FDP zeichnete sich schon vor der Bundestagswahl 1969 eine sozialliberale Koalition ab. Der bisherige Außenminister **Willy Brandt** (SPD) trat mit **Walter Scheel** (FDP) als Vizekanzler unter dem Motto „**Mehr Demokratie wagen**“ seine Regierung an. Demgemäß verabschiedete die Koalition innenpolitische **Reformen**, die für mehr Mitbestimmung, Chancengleichheit und Emanzipation der Bürger sorgen sollten. Das Bildungswesen wurde reformiert, BAföG eingeführt und die Mitbestimmung der Arbeitnehmer in den Betrieben erweitert. Brandt wollte die rebellierende Jugend an den Staat heranführen; Volljährigkeit und das Wahlrecht wurden von 21 auf 18 Jahre gesenkt. Vor allem die **Ostpolitik** (s. 3.2) sorgte für wütende Proteste der Opposition. Durch ein gescheitertes **konstruktives Misstrauensvotum** ging jedoch die SPD aus den anschließenden Neuwahlen 1972 als stärkste Partei hervor. Die Reformpolitik, die auch Lohnsteigerungen für die Arbeitnehmer beinhaltete, stieß aber bald an die Grenzen ihrer Finanzierbarkeit. Verschärft wurde die Haushaltskrise noch durch die 1973 einsetzende Ölkrise, da die arabischen Länder wegen des Nahost-Konflikts ihre Erdölförderung drastisch eingeschränkt hatten. Eine Verdreifachung des Ölpreises brachte die Konjunktur ins Stottern. Als 1974 ein DDR-Spion in unmittelbarer Nähe des Kanzlers enttarnt wurde, trat Willy Brandt zurück; **Helmut Schmidt** (SPD) wurde sein Nachfolger.

Neben der Überwindung der Wirtschaftskrise und der daraus folgenden Arbeitslosigkeit sah sich Schmidt mit dem eskalierenden Problem des **Terrorismus** konfrontiert. Die linksextremistische Rote Armee Fraktion (RAF), die seit 1970 terroristische Anschläge verübte, forderte 1977 den Rechtsstaat mit einer Reihe von Morden heraus. Die Auseinandersetzung erreichte ihren Höhepunkt, als der Arbeitgeberpräsident Hanns Martin Schleyer mehrere Wochen lang entführt wurde, um die in Haft befindlichen führenden Terroristen freizupressen. Schmidt gab den Terroristen nicht nach. Schließlich wurde zusätzlich eine Lufthansa-Maschine entführt. Nachdem diese in Mogadischu von einer Spezialtruppe des Bundesgrenzschutzes befreit worden war, begingen die inhaftierten Terroristen Selbstmord in ihrer Zelle und Hanns Martin Schleyer wurde von seinen Entführern getötet.

Die letzten Jahre der Regierung Schmidt waren geprägt von der Entstehung **neuer sozialer Bewegungen**, die sich gegen Atomkraft und für Umweltschutz sowie für die Gleichberechtigung der Frauen einsetzten. Am meisten Zulauf erhielt die Friedensbewegung, die den **NATO-Doppelbeschluss** und die damit verbundene Stationierung von Atomraketen in der Bundesrepublik verhindern wollte. Die SPD sah sich zerrissen zwischen der Politik ihres Kanzlers und Sympathien für diese neuen Bewegungen. Als es auch noch mit dem Koalitionspartner FDP Auseinandersetzungen um die richtige Wirtschaftspolitik gab, war die sozialliberale Regierung am Ende.

Die Regierung Helmut Kohl 1982 bis 1998

Am 1. Oktober 1982 kam **Helmut Kohl** durch den Koalitionswechsel der FDP mithilfe eines konstruktiven Misstrauensvotums an die Macht. Die von ihm propagierte **„Wende“** fand vor allem in der Wirtschaftspolitik statt: Hier setzte man verstärkt auf Eigeninitiative und Wettbewerb des Marktes und die Senkung der Staatsquote. Trotz der Erholung der Wirtschaft stieg die Arbeitslosigkeit weiter an. Dies und die Kürzung von Sozialleistungen vergrößerte die Zahl der Sozialhilfeempfänger eklatant („Zwei-Drittel-Gesellschaft“). Trotz wachsender Unzufriedenheit auch in den eigenen Reihen, mehrerer politischer Skandale und einer allgemeinen **Politikverdrossenheit** wurde Kohl 1987 wiedergewählt. Einen dritten Wahlsieg der **christlich-liberalen Koalition** und damit eine insgesamt über 16 Jahre dauernde Regierungszeit brachte Kohl sein beherztes Vorgehen bei der deutschen **Wiedervereinigung** und dem Zusammenwachsen der beiden deutschen Staaten ein. Internationale Anerkennung erntete er zudem für seine Rolle bei der **europäischen Einigung**, speziell für die Planungen zum Euro.

Die Einführung des **Privatfernsehens veränderte** die öffentliche Kultur der Bundesrepublik nachhaltig. Rechtsextreme Anschläge, zunehmende **Ausländerfeindlichkeit** und die Verschärfung des Asylrechts belasteten in den 1980er-Jahren das innenpolitische Klima.

Die Regierung Gerhard Schröder 1998 bis 2005

1998 wurde die SPD mit ihrem Spitzenkandidaten **Gerhard Schröder** stärkste Partei und konnte mit den Grünen die erste rot-grüne Bundesregierung bilden. Diese setzte sich ehrgeizige **Reformziele in der Innenpolitik**, die sie jedoch wie im Fall der doppelten Staatsbürgerschaft für Zuwanderer nur teilweise umsetzen konnte. Als wesentliche Kursänderung können die **Wende der Energiepolitik** in Richtung erneuerbare Energien und der Ausstieg aus der Atomenergie gesehen werden. In diesem Zusammenhang wurde eine Ökosteuer eingeführt. Nach der knappen **Wiederwahl Schröders 2002** setzte sich dieser aufgrund einer rasant wachsenden Staatsverschuldung und zunehmender Kritik an der Konkurrenzfähigkeit des Wirtschaftsstandortes Deutschland die Sanierung des Sozialsystems zum Ziel. In seiner **Agenda 2010** brachte er Reformen des Arbeitsmarktes und der sozialen Absicherungssysteme auf den Weg, die für viele Betroffene wirtschaftliche Einbußen bedeuteten und daher bei weiten Teilen der Bevölkerung, der Gewerkschaften und auch innerhalb der SPD auf Kritik stießen. Nachdem die SPD die Landtagswahlen in Nordrhein-Westfalen verloren hatte, kündigte Schröder **Neuwahlen** an, die durch eine **verlorene Vertrauensfrage** im Bundestag auch zustande kamen.

Die Regierung Angela Merkel seit 2005

Mit der **Linken**, die aus der SED-Nachfolgepartei PDS und einer linken SPD-Abspaltung hervorgegangen ist, etablierte sich bei der Bundestagswahl 2005 eine **fünfte Partei**. So verfügte weder eine rot-grüne noch eine schwarz-gelbe Koalition über eine Mehrheit. CDU/CSU und SPD bildeten unter **Angela Merkel** eine **Große Koalition**, die 2009 von einer christlich-liberalen Koalition abgelöst wurde. Nachdem die **FDP** bei der Bundestagswahl 2013 an der **5-Prozent-Hürde gescheitert** war, bildeten CDU/CSU und SPD erneut eine Große Koalition unter Merkel. 2017 schaffte mit der **AfD** (Alternative für Deutschland) zum ersten Mal seit 1961 wieder eine deutschnationale, rechtspopulistische

Partei den Sprung ins Parlament. Obwohl SPD, CDU und CSU 2017 erhebliche Stimmverluste verzeichneten, beruhte das **Kabinett Merkel IV** seit März 2018 erneut auf einer Großen Koalition. Mit der Bundestagswahl 2021 endete die 16 Jahre währende „Ära Merkel" und Olaf Scholz (SPD) wurde Kanzler einer Koalition aus SPD, Grünen und FDP.

2.4 Die Entwicklung der DDR

Unterstützt von der sowjetischen Besatzungsmacht eroberten die **Kommunisten** bereits vor 1949 sämtliche Machtpositionen in der späteren DDR. Die wesentlich mehr Mitglieder zählende SPD wurde zu einer Fusion mit der KPD zur Sozialistischen Einheitspartei Deutschlands (SED) gezwungen. Andere Parteien existierten zwar, kandidierten jedoch gemeinsam mit der SED auf einer von den Kommunisten beherrschten **Einheitsliste**. Echte politische Konkurrenz war nicht möglich. Opposition wurde durch die Geheimpolizei der **Staatssicherheit (Stasi)** unterdrückt, die Presse gelenkt und zensiert. Auch im kulturellen Bereich achtete der Staat peinlich genau auf ideologische Linientreue. Die Wirtschaft wurde **sozialisiert** und die Landwirtschaft nach der Enteignung des Großgrundbesitzes in die **Zwangskollektive** der Landwirtschaftlichen Produktionsgenossenschaften (LPG) gezwungen. Die Wirtschaft wurde nach Plan organisiert, dies bedeutet, dass der Staat Produkte, Herstellungsmenge und Preise festsetzte und die Arbeiter und Betriebe vorgegebene Normen zu erfüllen hatten.

Volksaufstand am 17. Juni 1953

Viele Bürger versuchten, dem Zwangssystem durch **Flucht** in den Westen zu entgehen. Obwohl die Grenzbefestigungen zur Bundesrepublik ausgebaut und Reisemöglichkeiten eingeschränkt wurden, ging die Zahl der Flüchtlinge nicht zurück. Versorgungsschwierigkeiten verschärften die Situation 1953. Als die Arbeitsnorm um zehn Prozent heraufgesetzt wurde, begannen am 16. Juni in Ostberlin, Bauarbeiter zu demonstrieren. Am nächsten Tag weiteten sich die Proteste auf die gesamte DDR aus. Die Demonstranten forderten vor allem bessere Lebensbedingungen und mehr politische Rechte. Am Nachmittag des **17. Juni** wurde der **Aufstand** durch sowjetische Panzer mit Gewalt niedergeschlagen. In der Parteipropaganda hieß es, es habe sich bei den Protesten um einen vom Westen gesteuerten Umsturzversuch gehandelt.

Mauerbau 1961

Obwohl sich das System nach dem Aufstand vom 17. Juni politisch und wirtschaftlich etwas liberalisierte, stiegen die **Flüchtlingszahlen** immer stärker an – wertvolle Arbeitskräfte gingen der Wirtschaft dadurch verloren. Als letztes Mittel gegen das **Ausbluten der DDR** wurde am 13. August 1961 ohne Vorankündigung die Grenze zu Westberlin durch den **Bau der Mauer** versperrt. Berlin war nun eine geteilte Stadt. Die Mauer, an der in den folgenden Jahrzehnten viele Menschen bei Fluchtversuchen ihr Leben lassen mussten, wurde weltweit zum Symbol des Kalten Kriegs.

Stabilisierung und innere Erstarrung

Durch den Bau der Mauer ebbte der Flüchtlingsstrom in den Westen abrupt ab. Die DDR-Wirtschaft begann sich zu erholen und der Lebensstandard stieg etwas an. 1971 löste **Erich Honecker** den seit Gründung der DDR dominierenden **Walter Ulbricht** als Generalsekretär der SED ab. Umfangreiche Sozialleistungen des Staats, billiger Wohnraum und Kinderbetreuungsangebote ließen die Zufriedenheit der Menschen mit dem System etwas wachsen. Die feste **Einbindung in den Ostblock** der sozialistischen „Bruderstaaten“ unter sowjetischer Führung eröffnete Reiseziele im Osten Europas. Vor allem die unter großen Anstrengungen und auch mit illegalen Mitteln erreichten sportlichen Erfolge machten viele DDR-Bürger stolz auf ihren Staat. Dennoch litten die Menschen unter dem Verbot, in den Westen zu reisen, der Einschränkung der Meinungs- und Pressefreiheit und der gegenüber der Bundesrepublik wesentlich **schlechteren Versorgungslage**. Viele DDR-Produkte waren technisch veraltet oder von schlechter Qualität. Dennoch mussten die Bürger oft – beispielsweise beim Auto Trabbi – jahrelang warten, bis sie das gewünschte Produkt erwerben konnten.

Zudem sorgten die allgegenwärtige **Propaganda** und vor allem das Spitzelwesen der Stasi für ein Klima des Misstrauens und der Passivität. Viele zogen sich in ihr Privatleben zurück und entfernten sich innerlich vom Sozialismus. Nach außen hin wurde durch **Massenorganisationen** wie die Freie Deutsche Jugend (FDJ) oder den Freien deutschen Gewerkschaftsbund (FDGB) die gewünschte Gesinnung gezeigt. Aufmärsche und Parolen verbreiteten penetrant die Botschaft von der Überlegenheit des kommunistischen Systems. Auf der anderen Seite stieg die Zahl der Ausreiseanträge in die Bundesrepublik. In den Gefängnissen saßen Oppositionelle und erfolglose „Republikflüchtlinge“.

3 Deutschland in der zweigeteilten Welt

3.1 Der Kalte Krieg

Bereits kurz nach dem gemeinsamen Sieg von USA und UdSSR über das nationalsozialistische Deutschland zeigten sich schwere Differenzen zwischen beiden Staaten. Der Gegensatz zwischen **kapitalistischem** System auf der einen Seite und **kommunistischem** auf der anderen Seite wurde immer schärfer. Beide Mächte verdächtigten sich gegenseitig, die Weltherrschaft anzustreben.

Die Truman-Doktrin und Containment-Politik

Nachdem zwischen 1945 und 1948 in sämtlichen durch die Rote Armee besetzten Staaten Osteuropas kommunistische Regime installiert worden waren, reagierte der amerikanische Präsident im März 1947 mit der nach ihm benannten Truman-Doktrin. Aus Anlass einer drohenden Machtübernahme der Kommunisten durch einen Bürgerkrieg in Griechenland besagte diese, dass die USA **keine weitere Ausdehnung des sowjetischen Machtbereichs** in Europa mehr hinnehmen würden. Neben der militärischen Drohung der zu diesem Zeitpunkt noch alleinigen Atommacht USA stellten die Amerikaner über 70 Milliarden Dollar für den **Marshallplan** zur Verfügung. Dieses Wirtschaftsprogramm sollte die europäischen Staaten stabilisieren und damit der Eindämmung (**Containment**) der sowjetischen Expansion dienen. Daneben wurde die **NATO**, ein westliches Verteidigungsbündnis, gegründet. Auf der anderen Seite sammelte die Sowjetunion ihre Verbündeten im **Warschauer Pakt**.

Internationale Krisen und Kriege

Die beiden Blöcke standen sich zwar unversöhnlich gegenüber, führten aber niemals unmittelbar Krieg gegeneinander, deshalb spricht man vom Kalten Krieg. Allerdings kam es immer wieder zu **Stellvertreterkriegen**, in denen beide Lager jeweils eine der Kriegsparteien unterstützten:

- Wie Deutschland war auch **Korea** seit dem Ende des Zweiten Weltkriegs geteilt: Der kommunistischen Volksrepublik im Norden stand das vom Westen unterstützte Südkorea gegenüber. Am 25. Juni 1950 begannen nordkoreanische Soldaten mit der Eroberung der gesamten Halbinsel. Nachdem zirka 60 Prozent des Landes besetzt waren, griff die UN mit einer **internationalen Truppe** unter Führung der USA in den Krieg ein. Da auch das **kommunistische China** zirka 300 000 „Freiwillige“ in den Kampf geschickt hatte, ohne sich offiziell am Krieg zu beteiligen, dauerte der Konflikt noch bis 1953 an, ohne dass sich eine der beiden Seiten durchsetzen konnte. Schließlich einigte man sich auf einen **Waffenstillstand**, der die ursprüngliche Teilung wiederherstellte.

- In den folgenden zwei Jahrzehnten stellten das **Berlin-Ultimatum** der UdSSR (1958), die Krise um die Stationierung sowjetischer Atomraketen auf **Kuba** (1962) sowie der **Vietnamkrieg** weitere Stationen des Ost-West-Konflikts dar. Vor allem während der Kuba-Krise befand sich die Welt kurz vor dem Ausbruch eines Dritten Weltkriegs. US-Präsident Kennedy formulierte ein Ultimatum, um die Bedrohung der USA durch sowjetische Raketen unmittelbar vor ihrer Küste zu verhindern. Schließlich lenkte die UdSSR unter Chruschtschow ein. Im Vietnamkrieg versuchten die USA vergeblich, den Sieg des kommunistischen Nordvietnam über das korrupte und vom Westen unterstützte Südvietnam zu verhindern. Nachdem auch der Einsatz von immer mehr Waffen und Soldaten erfolglos blieb, zogen sich die Amerikaner schließlich zurück und gaben sich geschlagen.

Niederschlagung von Aufständen im Ostblock

Unter Präsident **Eisenhower** erfuhr die antikommunistische Politik der USA eine weitere Verschärfung. Nicht mehr nur Eindämmung (Containment), sondern Zurückdrängung **(Rollback)** des sowjetischen Machtbereichs war nun Ziel der US-Politik. Für die UdSSR bestand immer die Gefahr, dass sich einer ihrer Satellitenstaaten durch **Volksaufstände** aus dem Warschauer Pakt verabschieden würde. Deshalb wurden alle Versuche, die kommunistischen Systeme zu stürzen oder nur von Moskau unabhängiger zu machen, mit Panzern brutal niedergeschlagen. Dies begann am **17. Juni 1953** in der DDR, setzte sich 1956 mit der Niederschlagung des **ungarischen Aufstandes** fort und erreichte 1968 mit dem Einmarsch der Truppen des Warschauer Paktes in die Tschechoslowakei seinen Höhepunkt. Dort hatten Reformkommunisten versucht, einen „Sozialismus mit menschlichem Antlitz“ zu schaffen. Als die UdSSR befürchtete, dass dies zu einem Austritt aus dem Warschauer Pakt führen könnte, setzte sie dem **Prager Frühling** ein Ende.

Verschärfung

Mit dem Einmarsch russischer Truppen in **Afghanistan** im Dezember 1979 verschärfte sich der Ost-West-Gegensatz nach einer Phase der Entspannung erneut. In der Folge boykottierten die westlichen Staaten die Olympischen Spiele in Moskau 1980, was im Gegenzug den Boykott der Olympischen Spiele vier Jahre darauf in Los Angeles durch die Ostblockstaaten zur Folge hatte. 1980 wurde in den USA mit **Ronald Reagan** ein Präsident gewählt, der die Sowjetunion als das Reich des Bösen bezeichnete und auf militärische Aufrüstung setzte. Besonders umstritten waren seine Pläne zum Aufbau einer strategischen Verteidigung im Weltall **(SDI)**. Durch satellitengestützte Abwehrsysteme sollte verhindert werden, dass atomare Langstreckenraketen amerikanischen Boden erreichen können. Ein Erfolg dieser Pläne hätte zur Folge gehabt, dass die Sowjetunion trotz ihrer Atombomben Amerika nicht mehr unmittelbar hätte vernichten können. Dadurch wäre das System der gegenseitigen Abschreckung ins Ungleichgewicht geraten. Deshalb und weil das Programm keinen Schutz Europas gebracht hätte, waren auch die europäischen NATO-Partner der USA skeptisch gegenüber dem „Krieg der Sterne" Reagans. Später wurden die Pläne aus technischen Gründen wieder fallengelassen.

Noch vor Reagans Amtsantritt hatte die NATO auf Initiative des deutschen Bundeskanzlers Helmut Schmidt den **Doppelbeschluss** gefasst. Demnach sollte das Übergewicht sowjetischer Mittelstreckenraketen in Europa beendet werden. Der erste Teil des Beschlusses sah vor, dieses Ziel auf dem Verhandlungsweg mit der Sowjetunion zu erreichen. Da sich diese weigerte, ihre SS-20-Raketen zu reduzieren, stationierte die USA gemäß dem zweiten Teil des Beschlusses 1983 nach heftigem Protest der **Friedensbewegung** atomare Mittelstreckenraketen des Typs Pershing II in Europa, vor allem in der Bundesrepublik Deutschland.

Gleichgewicht des Schreckens

Trotz der zahlreichen Krisen und Konfrontationen waren sich beide Seiten bewusst, dass ein möglicher Dritter Weltkrieg die gegenseitige Vernichtung bedeuten könnte. Seit 1949 verfügte auch die Sowjetunion über Atomwaffen. Somit konnte jede Supermacht die andere vernichten, dieses „Gleichgewicht des Schreckens" sorgte für eine **stabile Lage** innerhalb der aufgeteilten Welt.

3.2 Entspannungspolitik und Zusammenbruch des Ostblocks

Entspannungspolitik

Die Kuba-Krise 1962 offenbarte der Welt, dass der Kalte Krieg zwischen den beiden Atommächten zu einer globalen Katastrophe führen konnte. In den Jahren darauf kam es zu einer Reihe von Vereinbarungen, die das Verhältnis entspannen sollten. So wurde 1963 ein **„heißer Draht"** zwischen Moskau und Washington für eine schnelle Verständigung in Krisenzeiten eingerichtet. Ein **Atomteststoppabkommen** und der Nichtverbreitungsvertrag für Nuklearwaffen sollten das Risiko eines Atomkriegs begrenzen. Schließlich wurde 1972 das Abkommen **SALT-I** zwischen den USA und der UdSSR unterzeichnet. Darin legten beide Seiten Rüstungsbegrenzungen für bestimmte atomare Systeme fest. 1979 folgte der noch weitergehende **SALT-II-Vertrag**, der jedoch wegen des Einmarsches der UdSSR in Afghanistan 1979 niemals offiziell in Kraft trat. Einen noch größeren Schritt als Rüstungsbegrenzungen bedeutete 1975 die Konferenz für Sicherheit und Zusammenarbeit in Europa (**KSZE**) in Helsinki. Hier einigten sich nahezu alle europäischen Staaten beider Systeme sowie die USA und Kanada auf ein breit gefächertes Vertragswerk. So wurden **Menschen- und Bürgerrechte** anerkannt, auf die sich Oppositionsbewegungen im Ostblock berufen konnten, außerdem verpflichteten sich die Staaten, auf die Androhung oder Anwendung von Gewalt zu verzichten und bekannten sich zum Selbstbestimmungsrecht der Völker. Auf den Gebieten Wirtschaft, Wissenschaft und Technik sowie Umwelt wurde ebenso wie bei der Intensivierung menschlicher Kontakte über die Staats- und Blockgrenzen hinweg eine verstärkte Zusammenarbeit sowie die Lösung humanitärer Probleme angestrebt.

Vorreiter bei den internationalen Entspannungsbemühungen war die **Ostpolitik** der Bundesrepublik Deutschland. Insbesondere die sozialliberale Koalition unter **Willy Brandt** suchte seit 1969 ein neues Verhältnis zu den östlichen Nachbarn. Die sogenannten Ostverträge mit Polen, der UdSSR und später auch mit der Tschechoslowakei öffneten den Weg zur KSZE in Helsinki. Durch den Verzicht auf Gewalt und die faktische Anerkennung der Oder-Neiße-Grenze normalisierte sich das Verhältnis zwischen den Staaten. Schließlich begannen durch den **Grundlagenvertrag mit der DDR** auch die Kontakte zwischen den beiden deutschen Staaten wiederaufzuleben. Es kam zu einem, wenn auch eingeschränkten kulturellen und wirtschaftlichen Austausch. Für Westbürger wurde der Besuch der DDR ermöglicht, umgekehrt erlaubte die DDR zum Beispiel Rentnern Besuche im Westen. Für die Aussöhnung mit dem Osten, die durch den Kniefall Brandts vor dem Mahnmal des Warschauer Gettos ihren bildlichen Ausdruck fand, erhielt Willy Brandt 1971 den **Friedensnobelpreis**.

Wende durch Gorbatschow

1985 wurde Michail Gorbatschow Generalsekretär der Kommunistischen Partei der Sowjetunion. Der neue Machthaber änderte bald den alten Kurs der Konfrontation und setzte auf vertrauensvolle Zusammenarbeit mit dem Westen. Im Inneren lockerte er durch seine Politik von **Glasnost** (Offenheit) und **Perestroika** (Umbau) das Unterdrückungssystem. Wirtschaft und Gesellschaft sollten sich aus der stalinistischen Erstarrung lösen und menschlicher werden. In zahlreichen Gipfelkonferenzen verständigte sich Gorbatschow sowohl mit Reagan als auch mit dessen Nachfolger George Bush. 1987 kam es mit dem **INF-Vertrag** zur ersten echten Abrüstung. Innerhalb von drei Jahren mussten demnach alle Mittelstreckenraketen, also auch die erst kurz zuvor aufgrund des NATO-Doppelbeschlusses stationierten Pershing II, verschrottet werden. Konventionelle Waffen wurden ebenfalls reduziert. Schließlich zogen sich 1988/89 die sowjetischen Truppen aus Afghanistan zurück.

Zerfall der kommunistischen Herrschaft

Durch die offenere Politik Gorbatschows wurden oppositionelle Kräfte in den Ostblockstaaten gestärkt. In einer reformorientierten Politik war es nicht mehr möglich, wie früher mit Panzergewalt gegen Proteste vorzugehen. Als Erstes musste die polnische Staatsführung der Opposition nachgeben. In **Polen** hatte bereits seit 1980 die freie Gewerkschaft **Solidarność** das kommunistische Regime bekämpft. Trotz Verhängung des Kriegsrechts 1981 und harter Gewaltmaßnahmen konnte die Bewegung nie vollständig besiegt werden. 1989 ließen die Kommunisten durch Vermittlung der katholischen Kirche erstmals wieder **demokratische Wahlen** zu, aus denen die Opposition triumphal hervorging. Schließlich wurde der Gewerkschaftsführer **Lech Wałęsa** zum Staatspräsidenten gewählt. Ebenso wie in der DDR kam es auch in Ungarn, der Tschechoslowakei und Bulgarien zum gewaltfreien **Sturz der kommunistischen Regierungen**. Lediglich der Diktator Ceauşescu hielt sich in Rumänien mithilfe seiner Geheimpolizei bis Dezember 1989. In einem gewaltsamen Umsturz siegte dort jedoch auch die – in den anderen

Ländern sonst friedlich verlaufende – Revolution. **Ceauşescu** wurde auf der Flucht festgenommen und nach kurzem Prozess sofort erschossen.

Ende des Warschauer Pakts und Zerfall der Sowjetunion
Nach den erfolgreichen Revolutionen wurde in allen Staaten der Wunsch nach dem **Abzug der sowjetischen Truppen** laut. Die Staaten strebten nach Unabhängigkeit und lösten schließlich 1991 den Warschauer Pakt auf. Der Wunsch nach Unabhängigkeit und Freiheit endete jedoch nicht an den Grenzen zur Sowjetunion, vor allem die **baltischen Sowjetrepubliken** pochten auf ihr Recht auf Selbstbestimmung und strebten ihre Selbstständigkeit an. Nachdem sie im Frühjahr 1990 aus dem sowjetischen Staatsverband ausgetreten waren, forderten zahlreiche weitere Sowjetrepubliken wie Georgien, Moldawien oder Armenien ihre Souveränität gegenüber der sowjetischen Zentralmacht in Moskau. Dort schwand aufgrund des rasanten Machtverlustes der einst beherrschenden Weltmacht Sowjetunion drastisch der Rückhalt für Gorbatschow. Als im August 1991 ein **Putsch altkommunistischer Armeeführer** am Widerstand der Bevölkerung gescheitert war, trat Gorbatschow als Generalsekretär der Kommunistischen Partei zurück. Damit war die Macht der vorher diktatorisch herrschenden Partei gebrochen. Doch auch Gorbatschow geriet immer stärker in die Defensive und löste Ende 1991 die UdSSR auf, deren Präsident er gewesen war. Damit hatte er jeden Einfluss auf die Politik verloren. Nach ihm wurde **Boris Jelzin** zum neuen starken Mann des nun selbstständigen Russland. Im Jahr 2000 wurde **Wladimir Putin** Präsident. In seiner Amtszeit erholte sich die russische Wirtschaft vor allem aufgrund der gestiegenen Weltmarktpreise für Gas und Öl, die in großem Umfang exportiert wurden. Damit einher ging ein wachsendes außenpolitisches Selbstbewusstsein, das für Russland wieder eine Weltmachtrolle beanspruchte und teilweise zu einer Konfrontation mit Amerika führte. Auch innenpolitisch stabilisierte sich Russland unter Putin, wenngleich zulasten der Demokratie. Unliebsame Oppositionelle waren staatlichen Repressionen ausgesetzt, die freie Presse wurde erheblich beschnitten. So konnte Putin 2008 mühelos die Wahl seines von ihm designierten Nachfolgers **Dimitri Medwedjew** zum Präsidenten durchsetzen. Als Ministerpräsident war Putin aber weiterhin an der Macht. 2012 wurde er erneut zum Präsidenten gewählt; es kam zu Massenkundgebungen gegen Putin. Die Annexion der **Krim** (2014) und der **Einmarsch russischer Truppen in die Ukraine** im Februar 2022 beendeten die friedliche Koexistenz mit dem Westen.

3.3 Der Zusammenbruch der DDR und die deutsche Wiedervereinigung

Bürgerrechtsbewegung
Bereits seit Ende der 1970er-Jahre engagierten sich DDR-Bürger außerhalb der offiziellen Organisationen, die von der SED beherrscht wurden. Die **Friedensbewegung** kritisierte das Wettrüsten und verweigerte sich dem Wehrdienst in der Nationalen Volksarmee. Die **evangelische Kirche** bot oppositionellen Gruppen ein Dach, unter dem sie sich betätigen konnten. Immer wieder wurden führende oppositionelle Köpfe jedoch von der **Stasi** drangsaliert oder in den Westen abgeschoben.

Nachdem offenkundig wurde, dass die Partei die **Kommunalwahlen im Mai 1989** zu ihren Gunsten gefälscht hatte, begehrten in der ganzen DDR enttäuschte und wütende Bürger dagegen auf. Zentrum des Widerstands wurde die Stadt **Leipzig**. In der dortigen Nikolaikirche versammelten sich Oppositionelle regelmäßig zu Gebeten und Protestveranstaltungen. Daraus gingen die wöchentlichen **Montagsdemonstrationen** hervor. Von Woche zu Woche wuchs die Zahl der Teilnehmer an diesen Demonstrationen. Das Aufbegehren erfasste immer weitere Teile der Bevölkerung und führte dazu, dass im August 1989 mit der Sozialdemokratischen Partei (SDP) erstmals eine politische **Konkurrenzpartei** zur herrschenden SED gegründet wurde. Der SDP folgten überall weitere Organisationen wie das Neue Forum, Demokratie Jetzt und Demokratischer Aufbruch. Die Bürgerrechtsbewegung forderte ein Ende der SED-Diktatur, freie Wahlen sowie Meinungs-, Presse- und Reisefreiheit.

Ausreisewelle
Das SED-Regime wurde neben der Bürgerrechtsbewegung zusätzlich durch die im Sommer 1989 anwachsende Ausreisewelle unter Druck gesetzt. Die DDR-Bürger konnten in die Länder des Ostblocks ungehindert reisen. Nachdem im August 1989 **Ungarn** seine Grenze zu Österreich geöffnet hatte, bedeutete dies ein **Schlupfloch im „Eisernen Vorhang“**: Zehntausende von DDR-Bürgern nutzten eine Reise nach Ungarn, um sich in den Westen abzusetzen. Andere suchten die **Botschaften** der Bundesrepublik Deutschland in den Hauptstädten des Ostblocks auf und beantragten dort politisches Asyl. Innerhalb kürzester Zeit war vor allem die Botschaft in Prag völlig überfüllt; Tausende campierten im Park des Botschaftsgeländes, bis schließlich die DDR die Durchreise der Flüchtlinge durch ihr Gebiet in den Westen gestattete.

Ende der SED-Diktatur

Am 7. Oktober 1989 feierte die DDR den **40. Jahrestag** der Staatsgründung, doch die offiziellen Paraden und Feierlichkeiten wurden begleitet von **friedlichen Demonstrationen** für Meinungsfreiheit und Reformen. In Leipzig griff die Staatsmacht noch einmal hart durch und löste die dortige Demonstration mit Gewalt auf; zirka 1 000 Protestierende wurden verhaftet. Am 9. Oktober kam es zur Entscheidung. Erneut gingen Zehntausende Demonstranten in Leipzig und anderen Städten auf die Straße, um ihren Forderungen friedlich Ausdruck zu verleihen. Dieses Mal verzichtete die Staatsmacht auf Gewalt, da keine Unterstützung durch die Sowjetunion mehr zu erwarten war. Innerhalb des SED-Machtapparats wurde erstmals auch Kritik an Generalsekretär **Erich Honecker** geübt, dessen Tage nun gezählt waren. Schließlich drängte das Politbüro der SED Honecker am 18. Oktober zum **Rücktritt**. Doch die Versprechungen seines Nachfolgers **Egon Krenz**, Reformen durchzuführen, fanden in der Bevölkerung keinen Glauben mehr. Am 23. Oktober nahmen 200 000 Bürger an der Leipziger Montagsdemonstration teil. Die Protestbewegung erfasste die gesamte DDR, bis schließlich am 4. November etwa eine Million Menschen in Berlin gegen die SED-Herrschaft auf die Straße gingen.

Nun brach die Parteidiktatur innerhalb kurzer Zeit wie ein Kartenhaus zusammen. Am 7. und 8. November traten der Ministerrat und das SED-Politbüro zurück. Das Versprechen, die Reisebeschränkungen in den Westen lockern zu wollen, wurde missverständlich als Öffnung der Mauer interpretiert und führte in der Nacht vom 9. auf den 10. November zur **Grenzöffnung** in Berlin. Unter dem neuen Ministerpräsidenten **Hans Modrow** bildete man einen **„Runden Tisch“** aus Reformsozialisten und Vertretern der Bürgerrechtsbewegung. Die Stasi wurde aufgelöst und Meinungs- und Pressefreiheit wurden eingeführt. Am 18. März 1990 fanden die ersten und zugleich letzten **freien Wahlen** zur DDR-Volkskammer statt. Die CDU bekam für ihr Versprechen, baldmöglichst die deutsche Einheit zu realisieren, die meisten Stimmen und stellte mit **Lothar de Maizière** den letzten Regierungschef der DDR.

Vereinigungspolitik

Gemäß ihrem Wahlversprechen steuerte die Regierung de Maizière auf die Wiedervereinigung zu. Mit der Bundesregierung unter Helmut Kohl wurden alle Fragen geklärt. Am 1. Juli 1990 wurde die D-Mark auch in der DDR eingeführt. Die **Währungsunion** bedeutete, dass die DDR-

Bürger ihr Vermögen bis zu einem bestimmten Betrag 1 : 1 von Ostmark in die mehr als zehnmal wertvollere D-Mark umtauschen konnten.

Vor der endgültigen Wiedervereinigung beider Staaten mussten noch **außenpolitische Probleme** gelöst werden. Die vier Siegermächte des Zweiten Weltkriegs mussten ihre Zustimmung geben. Schließlich erklärte sich die Sowjetunion unter Gorbatschow sogar bereit, die Rote Armee aus dem Gebiet der DDR abzuziehen und das wiedervereinigte Deutschland in der NATO zu belassen. Am **3. Oktober 1990** trat die DDR der Bundesrepublik bei, d. h., die dortigen Gesetze waren nun für das gesamte Staatsgebiet gültig. Am 2. Dezember fanden die ersten **gesamtdeutschen Bundestagswahlen** statt, aus denen die CDU/CSU unter Bundeskanzler Helmut Kohl als klarer Sieger hervorging.

Zusammenbruch der DDR
Wende in der UdSSR unter Gorbatschow
durch Perestroika und Glasnost

Bürgerrechtsbewegung
- Bildung von Oppositionsgruppen (Demokratie Jetzt etc.)
- Protest gegen gefälschte Kommunalwahlen
- Demonstrationen

Ausreisewelle
- Öffnung der Grenze von Ungarn nach Österreich
- Besetzung der bundesrepublikanischen Botschaften in Prag, Warschau etc.

Zusammenbruch der SED-Diktatur
- Montagsdemonstrationen in Leipzig
- Rücktritt Honeckers (18. 10. 1989), Nachfolger: Egon Krenz
- 1 Mio. Demonstranten in Ostberlin (4. 11. 1989)
- Rücktritt von Politbüro der SED und Ministerrat (7./8. 11. 1989)
- Maueröffnung (9. 11. 1989)
- freie Volkskammerwahlen (Sieg der CDU)

4 Europa und die Welt auf dem Weg ins 21. Jahrhundert

4.1 Weltpolitische Konflikte

Nahost-Konflikt

Seit Beginn des 20. Jahrhunderts wanderten immer mehr **zionistische Juden** nach Palästina ein und gründeten Siedlungen mit dem Ziel, die in alle Welt zerstreuten Juden an ihrem Ursprungsort zu einem Staat zu vereinen. Bald fühlten sich die einheimischen **Palästinenser** dadurch bedroht und versuchten, mit Gewalt die Ausbreitung der Juden zu verhindern. 1948 gelang es jedoch gegen arabischen Widerstand, den **Staat Israel** zu gründen, nachdem viele Juden auf der Flucht vor den Nationalsozialisten eingewandert waren. Erster Ministerpräsident Israels war Daniel Ben-Gurion. Sofort griffen die umliegenden arabischen Staaten Ägypten, Syrien und Jordanien Israel an. Das angegriffene Land konnte sich jedoch in diesem **Krieg** behaupten und sein Staatsgebiet noch erweitern. Die in den hinzugewonnenen Gebieten lebenden Palästinenser wurden vertrieben. Sie weigerten sich weiterhin, die Existenz Israels anzuerkennen. 1956, 1967 und 1973 kam es wieder zu Kriegen zwischen Israel und den Arabern, die sich jedoch nie durchsetzen konnten. Im **Sechs-Tage-Krieg** von 1967 gelangen Israel weitere Eroberungen, die das ursprüngliche Staatsgebiet fast verdoppelten.

Zwar schlossen Ägypten und Israel 1978 im Camp-David-Abkommen Frieden, aber seither haben sich keine weiteren arabischen Staaten zu einem offiziellen Ende des Konflikts bereiterklärt. Seit 1964 strebt die **PLO** (Palästinensische Befreiungsorganisation) nach der Errichtung eines palästinensischen Staats. Terroranschläge auf der ganzen Welt, wie etwa während den Olympischen Spielen 1972 in München, sollten diesem Ziel dienen. Zwar hat die PLO mittlerweile offiziell der Gewalt abgeschworen, jedoch bekämpft vor allem die seit 1987 aktive **Intifada** die jüdische Siedlungs- und Besatzungspolitik mit Aufständen und Selbstmordanschlägen. Dennoch beharrt Israel auf der Errichtung jüdischer Siedlungen im besetzten Westjordanland und unterdrückt das palästinensische Selbstbestimmungsrecht gewaltsam. Der in den 1990er-Jahren einsetzende **Friedensprozess** kam nach der **Ermordung des israelischen Ministerpräsidenten Rabin** durch einen fanatischen Israeli wieder zum Erliegen. Trotz einer palästinensischen Selbstverwaltung im Gazastreifen und dem Westjordanland geht der Konflikt weiter. Nach dem Tod des ersten palästinensischen Präsidenten **Jassir Arafat** 2004 spitzten sich die Rivalitäten zwischen der von ihm geführten **Fatah** und der radikaleren **Hamas** zu und führten nach dem Wahlsieg der von Syrien unterstützten Hamas zu bürgerkriegsähnlichen Zuständen. De facto sind die Autonomiegebiete seither getrennt in den von der Hamas kontrollierten **Gazastreifen** und die größere, von der PLO regierte **Westbank**. Alle Bemühungen, einen tiefgreifenden und dauerhaften Frieden zu stiften, sind bisher gescheitert.

Die Golfkriege

Seit der **Islamischen Revolution** im Iran 1979 wurde die Golfregion wiederholt zum Schauplatz von Kriegen. Um die radikal antiwestliche islamische Republik Iran unter dem **Ayatollah Khomeini** zu stürzen, unterstützten die USA im irakisch-iranischen Krieg (erster Golfkrieg) von 1980 bis 1988 den irakischen Herrscher **Saddam Hussein**. Der Krieg brachte beiden Seiten enorme Verluste, ohne dass er militärisch entschieden wurde. Bereits zwei Jahre darauf ließ Saddam Hussein den reichen, aber militärisch wehrlosen Ölstaat **Kuwait** besetzen und verleibte sich dessen immense Ölquellen ein. US-Präsident **Bush** organisierte daraufhin eine **internationale Streitmacht** zur Befreiung Kuwaits. Diese umfasste auch arabische Staaten und begann im Januar 1991 nach Ablauf eines Ultimatums mit wochenlangen massiven Luftangriffen (zweiter Golfkrieg/erster Irak-Krieg). Die folgende Landoffensive traf nur noch auf geringen Widerstand. Die irakischen Truppen zogen sich aus Kuwait zurück. Saddam blieb jedoch im Irak an der Macht. Aufstände der kurdischen und schiitischen Opposition schlug er gewaltsam nieder und blieb so ein ständiger **Unruheherd** im Nahen Osten.

Zehn Jahre nach dem Ende des zweiten Golfkriegs beschloss die amerikanische Regierung unter Präsident **George W. Bush**, dem Sohn des früheren Präsidenten, das Problem Irak endgültig zu lösen. Man beschuldigte Hussein, mit den **islamistischen Terroristen**, die die Anschläge vom 11. September 2001 organisiert hatten, in Verbindung zu stehen und durch **Massenvernichtungswaffen** den Weltfrieden zu bedrohen. Beide Behauptungen stießen jedoch in der internationalen Politik auf Skepsis. Gegen internationalen Widerstand begann im März 2003 der **dritte Golfkrieg** (zweiter Irak-Krieg). Innerhalb weniger Wochen gelang es amerikanischen und britischen Truppen, die irakische Armee zu besiegen und das Land zu **besetzen**. Trotz des schnellen militärischen Erfolgs konnte der Irak nicht befriedet werden. Auch nach der Hinrichtung Saddam Husseins 2006 setzten zahlreiche Terroranschläge der aus freien Wahlen hervorgegangenen Regierung zu und sorgten für **Unordnung**. Schließlich zogen sich Ende 2011 die letzten US-Soldaten aus dem Irak zurück.

Weitere Konfliktherde

Neben den Konflikten im Nahen Osten gefährdeten noch weitere Krisenherde den Weltfrieden:

- In Europa zerfiel Anfang der 1990er-Jahre der **Vielvölkerstaat Jugoslawien** in verschiedene Teilrepubliken, die sich untereinander in mehreren Kriegen bekämpften. Erst das militärische Eingreifen der USA und europäischer Staaten konnte diese Kriege beenden.
- Der Zusammenbruch der **Sowjetunion** führte in deren zentralasiatischen Gebieten zu zahlreichen ethnischen Konflikten, denen Bürgerkriege folgten. Mit besonderer Brutalität unterdrückte Russland das Unabhängigkeitsstreben der Tschetschenen, die in ihrem Kampf um Selbstständigkeit den Terrorismus nach Moskau transportierten.
- Seit den Terroranschlägen vom **11. September 2001**, u. a. gegen das World Trade Center in New York, führen die USA einen **Krieg gegen den Terror**. Als Erstes wurde die **Taliban-Herrschaft** in Afghanistan wegen ihrer Unterstützung für die Al Quaida unter **Osama bin Laden** durch eine internationale Kampftruppe unter US-Führung beseitigt. Allerdings ist das Land bis heute weit entfernt von Ruhe und Stabilität. Nach dem zweiten Irak-Krieg (s. oben) stehen die von US-Präsident Bush sogenannten **Schurkenstaaten** Nordkorea, Syrien und Iran unter strengster Beobachtung der US-Militärs. Vor allem soll verhindert werden, dass diese Staaten sich atomar bewaffnen.

  Insbesondere das **Atomprogramm des Iran** drohte zu einer Eskalation des Konflikts zu führen, da Israel angekündigt hatte, notfalls militärisch zu intervenieren, um eine atomare Bewaffnung des Iran zu verhindern. Im Juli 2015 wurde der Atomstreit beigelegt; Teheran unterzieht sein Atomprogramm für die nächsten zehn Jahre einer Kontrolle.

  Auch die Tötung Osama bin Ladens durch eine US-Eliteeinheit im Mai 2011 bedeutete nicht das Ende des islamistischen Terrors, der v. a. in Krisenstaaten wie **Somalia**, dem **Jemen** oder **Syrien** neue Stützpunkte aufbaut. In **Syrien** hält der Bürgerkrieg seit mehreren Jahren an. Mehr als die Hälfte der insgesamt etwa 20 Millionen Syrer ist deshalb auf der Flucht.

- Der **Arabische Frühling** hat seit Beginn des Jahres 2011 zahlreiche arabische Diktaturen gestürzt, teilweise, wie in **Libyen**, durch blutige Bürgerkriege. Dadurch ist in der arabischen Welt ein Machtvakuum entstanden, das angesichts der vielfältigen sozialen, ethnischen und kulturellen Konflikte in der Region potenziell eskalieren kann.
- Die unterentwickelten und ethnisch gemischten Staaten in Teilen **Afrikas** kommen nie vollständig zur Ruhe. Immer wieder sorgen Bürgerkriege und Putsche gegen diktatorische Regierungen für Krieg und Chaos, in denen nicht selten auch wirtschaftliche Interessen der Industrienationen eine Rolle spielen.

Das Ende des **Ost-West-Konflikts** bedeutete einerseits den Abbau militärischer Bedrohung in Europa, auf der anderen Seite jedoch brachen dadurch auf der ganzen Welt zahlreiche Krisenherde auf. Die **NATO** orientierte sich um von einem Verteidigungsbündnis gegen die sowjetische Bedrohung zu einer Militärmacht, die die Stabilität wahren will. So greift sie in viele der internationalen Konflikte ein und versucht, auch durch **militärische Intervention** den Frieden zu sichern bzw. herzustellen. Allerdings zeigt sich, dass ohne **Beseitigung der Ursachen** dieser Krisen, die vor allem in Armut und Unterentwicklung liegen, eine dauerhafte Wahrung des Friedens nur schwer möglich ist.

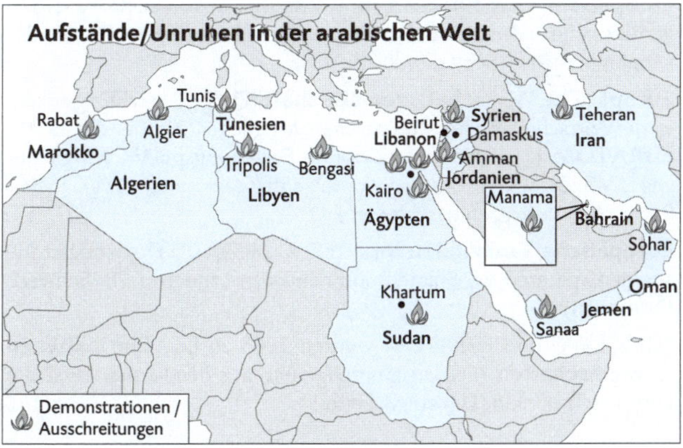

4.2 Die europäische Einigung

Nach dem Ende des Zweiten Weltkriegs setzte in den zerstörten europäischen Staaten eine Bewegung zur Überwindung der Nationalstaaten ein. Ihr verlieh Winston Churchill 1946 Ausdruck, als er das Ziel „der vereinigten Staaten von Europa" in den Raum stellte. Die Motive für den Wunsch nach stärkerer Zusammenarbeit entsprangen zum einen den fürchterlichen **Erfahrungen des Zweiten Weltkriegs**, in dem sich die europäischen Länder und Völker gegenseitig bis an den Rand der Zerstörung bekämpft hatten, zum anderen zeigte sich eine schwindende Bedeutung ehemals europäischer Weltmächte wie Frankreich oder Großbritannien. Europa drohte in einer sich abzeichnenden **bipolaren Welt**, die vom Konflikt zwischen den USA und der Sowjetunion geprägt war, als politische Größe irrelevant zu werden.

Schritte der Integration

In den 1940er- und 1950er-Jahren bildeten sich verschiedene Organisationen übernationaler Zusammenarbeit auf europäischer Ebene heraus.

- **Westunion** (1948), seit 1954 Westeuropäische Union: Verteidigungsgemeinschaft westlich orientierter Staaten
- **Europarat** (1949): Blöcke übergreifende Organisation zur Wahrung der Menschenrechte
- **Europäische Gemeinschaft für Kohle und Stahl** (EGKS 1951/52): gemeinsame Industrie- und Wirtschaftspolitik auf dem Gebiet der Montanindustrie (Schwerindustrie)
- **Europäische Wirtschaftsgemeinschaft** (EWG, 1957/58): gemeinsame Wirtschaftspolitik der gleichen Mitglieder wie bei der EGKS. **EURATOM** (1957/58): gemeinsame Forschungspolitik, Mitglieder wie EWG. Dieses Abkommen wurde gemeinsam mit der EWG in den Römischen Verträgen geschlossen.
- **Europäische Freihandelszone** (EFTA, 1959/60): Freihandelszone aus den späteren EG-Staaten und neutralen Ländern (z. B. Schweiz, Österreich)
- EGKS, EWG und EURATOM wurden 1963 zu den **Europäischen Gemeinschaften** (EG) zusammengefügt, aus denen sich 1992 die Europäische Union (EU) entwickelte.

Die wichtigste Organisation auf europäischer Ebene stellt die Europäische Union **(EU)** dar. Ihre Mitgliederzahl wurde in mehreren Schritten immer stärker erweitert.

- Gründungsmitglieder: Belgien, Bundesrepublik Deutschland, Frankreich, Italien, Luxemburg, Niederlande
- 1973 Beitritt Dänemarks, Irlands und Großbritanniens
- 1981 Beitritt Griechenlands
- 1986 Beitritt Spaniens und Portugals
- 1995 Beitritt Finnlands, Österreichs und Schwedens
- 2004/07 Osterweiterung: Beitritt von Polen, Tschechien, Ungarn, Slowenien, der Slowakei, den drei baltischen Staaten, Zypern, Malta, Rumänien und Bulgarien
- 2013 Beitritt Kroatiens

Binnenmarkt

1986 wurde der Binnenmarkt für die EG-Staaten beschlossen. Mit ihm sollten höhere Wettbewerbsfähigkeit, verstärktes Wachstum, mehr Freizügigkeit für die Bürgerinnen und Bürger und ein Integrationsschub für Europa erreicht werden. Binnenmarkt bedeutet die **Freizügigkeit für Personen, Dienstleistungen, Waren und Kapital**. Das macht den Abbau von Grenzkontrollen, staatlichen Handelshemmnissen und Steuerschranken notwendig. Nationale Normen müssen entweder harmonisiert oder gegenseitig anerkannt werden, sodass in allen Mitgliedsstaaten des Binnenmarktes die gleichen Voraussetzungen gelten.

Politische Union

Durch die **Verträge von Maastricht** soll die Zusammenarbeit der Mitgliedsstaaten erheblich vertieft und erweitert werden. Beschränkten sich die EG im Wesentlichen auf eine gemeinsame Wirtschaftspolitik, strebt die EU auch eine gemeinsame **Außen- und Sicherheitspolitik** sowie eine Zusammenarbeit in der **Innen- und Justizpolitik** an.

Wirtschafts- und Währungsunion

Für den Alltag der Bürger bedeutete die Wirtschafts- und Währungsunion die spürbarste Veränderung durch die Maastrichter Verträge. 12 der 15 Mitgliedsstaaten der EU besaßen seit 1999 mit dem **Euro** eine gemeinsame Währung. Seit dem 1. Januar 2001 sind die bisherigen nationalen Währungen auch im alltäglichen Zahlungsverkehr abgeschafft.

Die Europäische Union und ihre Mitgliedsländer im Jahr 2013

Gründungsmitglieder:
Belgien, Niederlande, Luxemburg, Italien, Frankreich, Deutschland

späterer Beitritt:
GB, Irland, Dänemark, Schweden, Finnland, Österreich, Griechenland, Portugal, Spanien

Beitritt 2004:
Estland, Lettland, Litauen, Polen, Tschechien, Slowakei, Ungarn, Slowenien, Malta, Zypern

Beitritt 2007: Rumänien, Bulgarien

Beitritt 2013: Kroatien

Seit 2009 sind noch vier weitere EU-Staaten der Eurozone beigetreten: Die Slowakei (1. Januar 2009), Estland (1. Januar 2011), Lettland (1. Januar 2014) und Litauen (1. Januar 2015). Somit besteht die **Eurozone** aus **19 EU-Staaten**.

Probleme

Die Umsetzung der Verträge von Maastricht führte zu Problemen:

- Durch die Krise der Weltwirtschaft bekamen immer mehr Staaten Schwierigkeiten, die **Stabilitätskriterien** für den Euro einzuhalten. So verstießen Portugal und die Bundesrepublik Deutschland 2002 bereits gegen die Vorgaben für die Neuverschuldung.
- Das Ziel einer gemeinsamen Außen- und Sicherheitspolitik wurde in umstrittenen internationalen Krisen noch nicht erreicht. Weder während der Jugoslawien-Kriege noch im Konflikt der USA mit dem Irak konnten sich die EU-Staaten auf eine einheitliche Linie einigen.

Ausweitung

Der „Eiserne Vorhang“ zwischen den westlichen NATO-Ländern und den östlichen Ländern des Warschauer Pakts bildete bis 1990 eine feste Grenze der EU nach Osten. Für den sowjetischen Machtbereich existierte als Gegenstück zur EU der **Rat für Gegenseitige Wirtschaftshilfe** (RGW, oder englisch: Comecon). Mit dem Zusammenbruch des Ostblocks orientierten sich dessen ehemalige Mitgliedsstaaten nach Westen. Nach jahrelangen Beitrittsverhandlungen einigte sich die EU im Dezember 2002 auf die Erweiterung der Gemeinschaft auf **27 Mitglieder im Jahr 2007**. Die zwölf neuen Mitgliedsstaaten waren: Polen, Tschechien, Ungarn, Slowenien, die Slowakei, die drei baltischen Staaten, Zypern, Malta, Bulgarien und Rumänien. Im Jahr 2013 trat **Kroatien** der EU bei. Durch diese Erweiterung umfasst die EU mit wenigen Ausnahmen (z. B. die Schweiz) fast das gesamte Gebiet des europäischen Kontinents. Allerdings bringt die EU-Osterweiterung eine Reihe von **Problemen** mit sich:

- Das ökonomische Gefälle zwischen den EU-Staaten und den rückständigen ehemals sozialistischen Planwirtschaften muss mit hohem **finanziellen Aufwand** beseitigt werden. Vor allem die Subventionierung der dort noch bedeutenderen Landwirtschaft birgt größere finanzielle Risiken. Auch besteht wegen des Lohngefälles die Angst vor der Verlagerung von Arbeitsplätzen.

- Die komplizierten **Entscheidungsprozesse** der Mitgliedsstaaten werden durch die Ausweitung auf 27 Staaten noch erschwert. Die Gefahr der gegenseitigen Blockade und damit der politischen Erstarrung konnte nach dem gescheiterten Versuch, der erweiterten EU eine **Verfassung** zu geben, auch nicht durch die Reformen des als Kompromiss durchgesetzten **Vertrags von Lissabon** vollkommen gebannt werden.

Neben den heute 27 Mitgliedsstaaten gibt es auch sogenannte **Beitrittskandidaten**. Zu diesen gehören neben der Türkei auch Montenegro und Serbien (mit laufenden Verhandlungen) sowie Mazedonien und Albanien (ohne laufende Verhandlungen). Der Beitritt der Türkei, wo seit dem Putschversuch 2016 Meinungsfreiheit, Gewaltenteilung und Rechtsstaatlichkeit zunehmend gefährdet sind, bleibt aber weiterhin umstritten. Ein **Sonderfall** ist **Island**. Dort gibt es große Vorbehalte gegen einen EU-Beitritt. Im März 2015 zog Island seinen Beitrittsantrag schließlich offiziell zurück.

Die **Europäische Union** hat sich zur gemeinsamen Klammer aller europäischen Staaten entwickelt. Für ihren Beitrag zur Friedenssicherung in Europa seit 1945 erhielt sie 2012 den Friedensnobelpreis. In der Schuldenkrise muss ein Zerfall der Eurozone verhindert werden, um die europäische Integration erfolgreich fortzusetzen. Zudem muss die sich seit Sommer 2015 verschärfende Flüchtlingskrise gelöst werden, die in zahlreichen EU-Ländern eine zunehmende EU-Skepsis sowie die Entstehung rechtspopulistischer Bewegungen zur Folge hatte (z. B. Alternative für Deutschland, AfD, die seit 2017 auch im Bundestag vertreten ist). Neben einer gerechten Verteilung der Flüchtlinge auf alle EU-Länder steht v. a. die Sicherung der EU-Außengrenzen im Mittelpunkt der Diskussion.
Darüber hinaus musste sich die EU in den Folgejahren mit dem EU-Austritt des Vereinigten Königreichs, der in einem Referendum im Juni 2016 beschlossen wurde, auseinandersetzen (**„Brexit"**). Das offizielle Austrittsabkommen wurde im Januar 2020 unterzeichnet und nach einer einjährigen Übergangsphase ist das Vereinigte Königreich seit dem 1. Januar 2021 nun kein Mitglied der Europäischen Union mehr.

Stichwortverzeichnis